弘兼憲史流
「新老人」のススメ

弘兼憲史

徳間書店

はじめに

２０１６年2月現在、私の年齢は68歳です。

私が子供の頃に見ていた60代後半といえば、どこからどう見てもおじいさんであり、おばあさんでした。「わしはのう」とか「〇〇じゃよ」なんて本当にお年寄り然とした話し方をする人も、私の生まれ育った山口県では珍しくなかったのです。今となっては信じられませんが。

私は特に健康に気をつけているタイプの人間ではありません。

恐らく皆さんが漫画家という職業に持っているであろうイメージのまま、一日中イスに座りっぱなしで、慢性的に運動不足です。アイディアが出なければイライラが募ることもありますし、締め切りに追われて焦ることだってあります。長生きしたい人にはとてもお勧めできる職業ではありません。

それでもこんなに元気なのは、私が決して特別なのではなく、やはり老人というものが変わったのでしょう。

私自身がこの年齢になって初めて実感したことですが、私が子供の頃に見たような「老人」はもはやいないのではないでしょうか。同世代の友人や知人と話していても自分のことを老人だなどと思っている人間は一人もいないのです。つまり、「老人」という言葉の持つイメージをアップデートする必要があるのです。

80年代に「新人類」という言葉が盛んに使われた時期がありました。

後年は「大人にはとても理解できない若者」という意味で否定的に使われることが多くなりましたが、本来は「それまでの枠では括ることのできない、新しい感性や価値観、考え方を持つ若者」という意味で肯定的に使われていたと記憶しています。

これからの高齢者も新人類のように、新しい価値観や考え方を持つ「新老人」となるべきではないでしょうか。

本書ではそんな新老人になるための様々な価値観や考え方を提示しています。

それが、世界でまだどこも経験したことのない、高齢化社会に突入している日本に住む私たちの目指すべき方向だと思うのです。

弘兼憲史

弘兼憲史流「新老人」のススメ

目次

はじめに

第1章　老いの準備

●ムダを省いて老後生活を楽しむ　12
●老後は田舎暮らしでのんびり…は幻想!?　18
●医療の充実は都会暮らしの長所　21
●賃貸こそ老後のゴール　24
●老人ホームでは住人との適度な距離を保つこと　27
●「一律定年」は時代にそぐわない　30
●70歳定年企業が増えていく　33
●個人起業は甘くない。定年前に入念な準備を　35
●定年後は有意義にボランティア活動を　38
●熟年夫婦円満の秘訣は一緒にいないこと　41

●妻から自立した生活を　44
●夫婦2人だけの旅行は意外に苦行！接待気分で臨むべし　47
●老後は子供に頼らず自立を　50
●かわいい孫とは距離感を　52

第2章　健康な体あってこそ

●ベスト体重とヒザ裏ストレッチが健康の秘訣　58
●巷の健康情報は気にしない！　62
●年をとれば物忘れは当たり前！ボケは最後の桃源郷　65
●若さと元気を得るならストレスとうまくつきあうべし　68
●健康食品やサプリの過信は禁物　72
●心地よい眠りのコツは酒と映画でリラックス　75
●老人を脅かす冬の寒さはこの方法で乗り切る　79

第3章　新老人の心構え

●年をとったら嫌われないこと　84
●あきらめる＝究極のプラス思考　87
●高齢を理由に気遣いを求めてはダメ　周りへの謙虚な気持ちが大切　90
●いつか使うかも…は二度と使わない　生活空間に負担をかけない老前整理術　92
●振り込め詐欺や保険勧誘で泣く前に頑固親父から脱却しよう　97
●高齢者の自動車運転は要注意！早めの対策を　100
●理想の大人は存在しない　背伸びせず自然体でいこう　103
●脳を刺激し記憶も正す「自叙伝」執筆はいいことずくめ　105
●目指すはかわいいおじいちゃん　108
●適当に息を抜く「まあ、いいか」の精神で　110
●自らの衰えを意識しつつ老いとうまくつきあう喜びを見つける　113

●「上流」「下流」の言葉に惑わされず自分なりの価値観で老後を楽しもう 116
●気ままな一人暮らしも悪くない 118

第4章 目指すはかっこいい新老人！

●金銭問題が絡んでくる高齢者の恋愛はハードルが高い 122
●加齢による性欲減退は自然のこと 慣れやマンネリが原因 125
●挿入して射精するだけではない老活世代のセックス事情 127
●同窓会でやけぼっくいに火がつく!? 130
●気軽に話せる友人が5人いればいい 134
●シニアの身だしなみは清潔感第一 137
●時には外食でぜいたくを 140
●定年後はカルチャーセンターへ 142
●夜の女性にモテるのは金払いより会話力 146

目次

●高齢者もネット&宅配サービスを利用しよう 148
●料理をすることでボケ防止になる 151
●スマホはシニアの必需品 155
●「マイナンバー制度」には期待します 157
●老人も英語力は必須になる!? 160

第5章 死について考える

●潔くかっこよく死にたい 166
●巨大地震の備え、死ぬときは死ぬ、の覚悟を持つ 169
●映画から学ぶ「死」 172
●形式にとらわれず自分が満足できるお墓選びを 175
●宗教は必要な人には必要なもの 178

第6章

【スペシャル対談】

北方謙三×弘兼憲史　男たちよ元気を出せ！

184

60歳をすぎてわかったこと／ヨボヨボ？まだギラギラしているぜ！／死は「いなくなった」と考える／自分が死ぬ瞬間をイメージしてみる／リタイアしたとたん老け込む／年のせいにするな！／「下流老人？」それがどうした!?／老人にチャンス！若者のセックスレスは大歓迎！／女性にモテたい心を忘れるな！／60歳からのハードボイルドな口説き方／モテるためにスマホも活用／楽しい老後生活の過ごし方／結局、男の人生は仕事がすべて！

第1章 老いの準備

ムダを省いて老後生活を楽しむ

老後に必要なお金は4000万円とも5000万円とも言われているようです。14年に発表された厚生労働省の調査によると日本人の平均寿命は、女性が86・83歳で男性が80・50歳。日本は女性が世界一、男性も世界3位の長寿国です。

ということは60歳で定年しても約20年の時間がある。夫婦2人の生活費がひと月20万円として1年で240万円。20年分で4800万円になるという計算です。

ただし、こんなに貯蓄がある人はほとんどいませんよね。それなのに、こんな数字を聞かされたら自分の老後は大丈夫なのかと不安に思う人が増えてもしかたないでしょう。

でも、老後の生活にこんなにお金がかかることは、私はないと思います。

年をとれば、生活もそれなりに縮小するのが普通です。こんなにお金がかかるのは定年前の生活を定年後も維持しようとするからです。

まず、食は若い時より細くなっていきます。どんなにおいしいものだって、たくさん食べたいとは思わない。

例えば、少し奮発してフランス料理のフルコースでも食べてみることにしましょう。そうするとお恥ずかしい話ですが、私なんかもうメインの肉までたどりつけません。お酒を飲んでいるせいもあるかもしれませんが、途中でおなかがいっぱいになってしまうのです。

肉や天ぷらなどの俗にいう〝重たいもの〟もそれほど食べたいと思わなくなっていきます。ふだんは御飯と高菜の漬物があれば十分。年を取るごとに粗食で満足できるようになっていきます。

試しに一度「1カ月1万円生活」のようなことをゲーム感覚でやってみることをお勧めします。食費がどのぐらい削れるか実感できます。

旬の大根をスーパーで買うと1本100円ぐらいです。そして、大根から葉っぱの部分だけを切り落とし、厚むきにした大根の皮と葉っぱを刻み、塩と唐辛子、あとフジッコの昆布あたりをあえて漬けて6時間もすれば完成です。

すると1週間ぐらいはもつ常備食になる。これを御飯と一緒に食べる大根飯がなかなかうまい！　残った大根の本体は鍋に入れたり、煮物にしたり、いろいろな食べ方ができます。

１日で副食費が３００円なら1カ月でも９０００円。食費を月1万円に抑えることはそれほど難しいことではないはずです。

米は５キロで１８００円前後で売られてますから、夫婦２人でも月２万円あれば大丈夫でしょう。外食をすれば一度でなくなってしまうような金額ですが、こういうことはいかに楽しんでやれるかが大事なのです。

食費を抑えるには自給自足という方法もあります。今、我が家の片隅には小さな畑があり、ナス、キュウリ、シソ、シシトウ、ハーブなどを作っています。

シソなどは時季になれば、とても夫婦では食べきれないほどの量が採れます。シソの実は塩漬けにすれば、こちらも1～3カ月ぐらいもつ保存食になります。

畑仕事はいい運動や気分転換にもなりますし、定年後にはぜひチャレンジしてみてほしいことの一つです。

庭なんかなくても、今は自治体などで農園を無料で貸し出す制度があるはずです。

楽しんで節約するために、こんなゲームはいかがでしょう。

ＴＯＫＩＯが出演している「ザ！鉄腕！ＤＡＳＨ!!」（日本テレビ系）という番組の中に、不定期で放送している「０円食堂」というコーナーがあります。農家や漁師さんのところ、または飲食店や食品加工工場などへ行って廃棄する食べ物をタダでもらい、それを材料においしい料理を作ろうという、なかなかユニークな企画です。

もうずいぶん前になりますが、そのコーナーを観ていると、ＴＯＫＩＯの長瀬智也さんが、とある漁協の直売所でハマグリをもらっていました。貝が割れてしまったものは売り物にならないため廃棄してしまうのだそうです。

そういったものはみんなで分けたり、なるべく地元で消費しようとするらしいのですが、それでもやはり廃棄分が出てしまう。貝が割れているだけですから、中身は新鮮なのですが。

もちろん、普通の人が行っても分けてもらえないかもしれませんが、こんなふうに節約をゲーム化して楽しむ、というやり方もいいと思うのです。

そうやって楽しく節約をしたら、あとは「開き直るしかない」というのが私のお金に対する考え方です。

そもそも自分の死期を正確に知ることはできないのですから、さきざきのことは試算のしようがないのです。

もし、自分がいつ人生のゴールを迎えるのかを知ることができれば、「今、貯金がいくらで、月々の支出がいくらだから……お、海外旅行に行く余裕もありそうだぞ」とか、逆に「もっと今月は切り詰めなければ危ないな」などと計算し、合理的にお金を使うことができます。

しかし、実際にはそんなことはありえません。

老後に備えてコツコツと貯蓄していたにもかかわらず、突然明日コロッと逝ってしまうかもしれないし、平均寿命を大きく超えて１００歳ぐらいまで生きてしまう可能性だってある。

雑誌や新聞などに「定年後の生活に貯蓄はいくら必要だ」という試算が載っていますが、あれはあくまでも平均寿命を前提とした目安であって、１００歳まで生きる人のことは想定していません。

結局のところ、お金に関しては〝なるようにしかならない〟のです。

今後、一人暮らしの高齢者はますます増えていきます。

ということは、どうお金を使うかは自分しだい。それは、私はとても楽しいことだと思うのです。

老後は田舎暮らしでのんびり…は幻想!?

サラリーマン時代は職場の都合でしかたなく都心に住んでいたけれど、定年退職後はのんびりと田舎で暮らしたい。そんなふうに思う人も多いのではないでしょうか。田舎といえば、空気がキレイでおいしくて、物価が安くて住みやすい。住んでいる人たちもみんな心穏やかで優しそうなイメージ。地方創生を国が推し進めている今、トレンドになっていますよね。

高い視聴率を誇った人気ドラマ「北の国から」(フジテレビ系)のようなイメージでしょうか。北海道の富良野の雄大な自然を舞台にしてましたね。

そんな田舎で畑でも借りて、自給自足をすれば、いかにも健康的で豊かな老後が送れそうです。ですからこのところ、田舎暮らしのガイド本が数多く出版されています。それなりに売り上げも好調のようで、人気ジャンルの一つになっています。

しかし実際には、ずっと都会で暮らしていた人間が田舎で暮らすのは、それほど簡単ではないようです。

例えば、田舎によってはコンビニがありません。車に乗ってしばらく走れば1軒か2軒ぐらいはあるかもしれませんが、一つの駅の周辺に5つも6つもコンビニがある都会とは、やはり比較になりません。

「ほとんど利用しないから大丈夫」という方もいるでしょうが、それはいつでも利用できる場所にコンビニがあり、その環境に慣れきっているからで、いざ利用できないとなると、これがかなり不便なものです。

コンビニだけでなく、書店やレンタルDVDショップなど、都会なら当たり前にあるものがなかったり、あっても近くにないのが田舎なのです。

地元の人たちとうまくコミュニケーションが取れるかという問題もあります。彼らからすれば、都会から来た人間はただの〝ヨソ者〟です。表面上は笑顔で接してくれても、内心「何だかわけのわからないやつが来た」と警戒心を持つのはごく普通の感情だと思います。

孤立しないように何人かのグループで田舎に移り住む人たちもいるようですが、それも同じことです。地元の人たちとコミュニケーションが取れなければ、そのグループの人たちとばかり過ごすことになり、結局はグループごと孤立してしまうのです。

私は山口県の岩国市という田舎に生まれ育ちました。少年時代は少し奥地へ行けばイノシシやサル、ミミズクを見るのは日常茶飯事という環境でしたから、田舎のよい面も悪い面も知っているつもりです。ですから、今のところ田舎に移り住む予定はありません。狭くて、ゴミゴミした東京が案外、気に入っているのです。

日本では、若い時は都心のマンションに一人で暮らし、家族を持つと郊外へ、そして定年後は田舎暮らしというように、年齢とともに田舎に移っていく傾向がありますが、アメリカではむしろ逆のようです。

若い時はテキサスなどの広い土地でのんびりと少年期を過ごし、大きくなるにつれて都会へ向かっていく。最終ポイントはニューヨークのマンハッタンのアッパーイーストサイド。ここには高級住宅地があり、あのジョン・レノンが住み、銃弾に倒れたダコタ・ハウスもあります。ヤンキース時代の松井秀喜選手もマンハッタンの高級タワーマンションに住んでいましたね。

年を重ねるごとに都会へ移り住んでいくのは、ある意味では理にかなっていると思います。

医療の充実は都会暮らしの長所

田舎にはコンビニや書店だけでなく、医療機関もありません。例えば、あなたが急に心筋梗塞で倒れてしまったとしましょう。遠くから救急車が迎えに来て、遠くの病院まで搬送してもらっているうちに、深刻な事態に陥ってしまう可能性も少なくはありません。

確かに、都会にも渋滞があり、夜間の救急患者の場合には受け入れ先が見つからず、たらい回しにされてしまったりと、必ずしも万全とは言えません。それでも病院までの距離や数を単純に比較すれば、「都会だったから間に合った」というケースは少なくないはずです。これが老後を都会で暮らすことの大きなメリットです。

さらに都会に比べ、田舎は人間関係が濃密です。「○○さんのところの旦那が浮気したらしい」「○○さんのところの△△ちゃんが嫁に行かないのは××が原因らしい」といった噂話が常に飛び交います。

だからこそ何か困ったことがあれば地域ぐるみで手を差し伸べてくれたり、ヨソ者が歩いていればすぐにわかるといったセキュリティにもつながるわけですが、常に見張られているようでもあり、それが息苦しい人には決して住みやすい環境ではないのです。

私もマンションの隣の住人が、どんな人なのか何も知りませんし、そもそも会う機会もありませんから、挨拶すらほとんどしたことがありません。

その程度の関係ですから、たとえ隣のお子さんが中学や高校へ進学したとしても「お祝いを持って行かなくちゃ」「でも、何にすればいいんだろう」などと悩むこともないわけです。私はこんな関係が嫌いではないのですが、やはり、田舎ではこうはいきません。

どちらの人間関係がよいか、という話ではありません。

これは好みの問題ですから。

空気がキレイで物価が安く、住んでいる人が優しいといったイメージは、ある面では事実だと思います。でも、それだけで行ってしまうと苦労することになる。

毎日近所の書店へ行くのが趣味なのに、近くに書店のない田舎に行ってしまっては、ストレスしかたまりませんからね。

もし、計画されている方がいたら、どんな生活がしたいのか、よく考えるべきでしょう。

賃貸こそ老後のゴール

最近は「終《つい》の住処《すみか》」という言葉もずいぶん一般的になりました。

「今住んでいるここではないどこかに、そんな場所があるのではないか」と考える人が増えたということなのでしょう。

その場所は人によって違います。少し前までは「住み慣れた我が家で」と考える人が多かったと思いますが、最近は、家にこだわりを持つ人も減ったように思います。

都会には「定年後は田舎に移り住み、のんびり暮らすほうが幸せ」という風潮もありますし、若い人には、何十年もの住宅ローンを背負うことに不自由を感じる人も多い。そんな人は無理せず、一生賃貸で身軽に暮らせばいいのです。

「終の住処」を考えた場合、私も一軒家より、賃貸の集合住宅が向いているのではないかと思っています。一軒家に比べ、何よりセキュリティの面で優れているからです。

例えば一軒家では、出かける時に家中の鍵を締めシャッターをおろしたりしなければばなりませんが、マンションなどでは多くの場合、玄関の鍵だけを締めれば事足ります。エントランスにオートロックがあれば、さらに安心です。

また、年をとって体の自由が利かなくなってくると、広い一軒家は逆に不便な面があります。何部屋もあれば掃除が行き届かず、探し物がある時にはあっちこっちを引っかき回さなければなりません。家は使わないところからどんどん老朽化していきますから修繕費もかかりますし、固定資産税もバカになりません。

同じ集合住宅でも、分譲だと修繕費がかかりますが、賃貸ならそれは大家さんの負担になります。

遺産相続の時に面倒な手続きにわずらわされたり、がっぽりと相続税を持っていかれることもありません。子供に負担をかけることが少ないのです。

そして、集合住宅にありがちな、両隣や上下の部屋にクレーマーが引っ越してくるという心配も、賃貸なら引っ越すことで問題を解決できます。

当然ですが、分譲の集合住宅にも不便はあります。

大所帯になると住人らで作る管理組合などがあり、定期的にその役員に任命されることがあります。主な議題は管理費の使いみちなどですが、多くの住民がいるだけに意見がまとまりません。私にも経験がありますが、これには本当に参りました。

大手建設会社の元役員の方と、その会社の孫請けクラスの小さな工務店の社長とマンションの修理修繕の費用について争い始めたのです。お互いプライドがあって一歩も引かないので話がまったく前に進まないということがありました。個人資産ではありながら集合住宅はお互いに譲り合うという精神が必要なところなのですね。

考え方・利点は個人でいろいろだと思いますが、私はそこまで終の住処にお金をかける必要を感じていません。戸建にしろ、分譲マンションにしろ、賃貸住宅にしろ老夫婦なら2Kもあれば十分でしょう。

浮いたお金は旅行をしたり、おいしいものを食べたり、違うぜいたくに回す。そのほうが生きたお金の遣い方だと私は思います。

老人ホームでは住人との適度な距離を保つこと

このところ高齢者向けのシェアハウスが増えているようです。

シェアハウスとは、居住スペースの一部（あるいは全部）をシェア（共有）して、見知らぬ人同士で共同生活をすること。

形態はさまざまですが、改修した古民家などに数人で住み、キッチンやリビングを共有するのが一般的なようです。炊事や掃除などの家事を居住者で分担しているところもあります。そうすることで自然と会話や交流が生まれるのです。

老人ホームなどに比べ、家賃が格段に安いことがメリットの一つです。

介護スタッフなどはいませんが、その代わり、普通のアパートやマンションとさほど変わらない賃料で住むことができます。

異変があれば誰かが気づいてくれるのも大きな利点です。

「あれ、朝食の時間なのに○○さんが起きてこないぞ」なんて時には、誰かが部屋をのぞきに行けばいいのですから、一人暮らしの高齢者が増えていく中、シェアハウスが増えることは歓迎すべきでしょう。

このようなサービスが増えた背景には、空き家の問題があると思います。

家というのは不思議なもので、人が住まなくなったとたんに老朽化が一気に進みます。するとネズミやゴキブリの住みかになったり、犯罪者の隠れ家にもなるなど、地域全体にダメージを与える原因になります。

今や空き家をどうするかは日本の切実な問題です。シェアハウスとしての利用は、そんな問題を解決する一つの方法だと思うのです。

ただし、シェアハウスを利用するにも注意が必要です。

それは、ホームドラマのような温かい交流は望まないこと。若者に人気のテレビ番組「テラスハウス」(フジテレビ系)のような恋愛もありません。

いや、絶対にないとは言い切れませんが、〝あればうれしいな〟ぐらいの気持ちでいるのがいいでしょう。

共同生活のような狭いエリアでは、ちょっとした意見の食い違いが大きな溝になってしまいます。しかも、いつも顔を突き合わせていると頭を冷やしづらく、修復も難しい。

人間、年をとるほど自分の考えに自信が増し、それゆえに頑固にもなります。相手を尊重し、譲るということができなくなってしまうのです。

そうならないためには、やはり住人と節度を持った距離を保つこと。共同生活に期待すべきは、温かい交流ではなく、よい意味でお互いの生活を見張り合うことだと思います。

「一律定年」は時代にそぐわない

定年後は盆栽でもいじりながら悠々自適な年金暮らし――というのは一昔前の話。現在では定年後は「どう働こう」「どこで働こう」と考えるのが普通だと思います。

定年後も働きたいと希望する人は大きく3つのタイプに分かれるでしょう。

まずは仕事以外にやることがないという人。ずっと仕事ばかりしてきて、これといった趣味もなく、会社から放り出されてしまったら、毎日どう過ごせばいいのかわからなくなってしまうような人のことです。これはもう会社に行きたくて行きたくてしかたないでしょう。

次に、仕事で必要とされている自分が好きだという人。周囲に能力が認められ、頼りにされているというのは、誰にとっても気分がいいものです。こういう立場にいる人はなかなか会社から離れられないでしょう。

そして最後が、生活のために仕事をしなければならない人。できればリタイアしたいと思っていても、これから必要になるかもしれないお金のことを考えると働かざるをえない人です。この理由の人が恐らくいちばん多いでしょうね。

90年前後のバブル時代には、無理をして長期の住宅ローンを組んだという人も、けっこういるはずです。

当時は給料はずっと上がり続け、不動産の価格もいつまでも下がらないと、今ではとても信じられないようなことが信じられていた時代です。

その頃に30代や40代だったとすると、そのローンが定年後も残っているという人は少なくないはず。ですから、定年になったからといって遊んでいるわけにはいきません。

退職金だってもらえればいいほうです。ある調査によれば、退職金が支給されるサラリーマンは50％未満だそう。50％以上の人が1円ももらえないというのが現実です。運よくもらえたとしても、その金額が５００万円以下という人が25％程度。退職金で悠々自適に暮らせるような人は本当にごくわずかなのです。

特に中小企業とか町工場で退職金を出せるようなところは本当に少ないでしょう。

〝一時金〟〝謝礼金〟〝慰労金〟といった名目でわずかな額を支給するのが精いっぱい

です。

私が関係する出版業界も例外ではありません。

皆さんもよく耳にするような大手出版社はまだましですが、それ以外の小さな出版社や、出版社の下請けである編集プロダクションで、退職金が出るところなんて聞いたことがありません。

そういう私だって自由業ですから、退職金なんかもらえません。ですから、死ぬまで働くのです。

よく再雇用されると、それまでの役職がなくなり、かつての部下にペコペコと頭を下げ、ある種屈辱的な働き方をしなければならなくなるといった話も聞きますが、現実にはそんなことはほとんどないでしょう。

定年後の仕事は、今までの自分の経験をみんなに伝える仕事になるはずです。技術職は当然ですが、それは営業職だろうと変わりません。ですから、給料が半分になることはあっても、いきなり元部下から「○○君、早く何とかしてくれたまえ！」みたいな雑な扱いを受けることは、ないはずです。

70歳定年企業が増えていく

私の父親の時代には、定年は55歳でした。その頃の日本人の平均寿命は65歳程度だったそうですから、定年後約10年で死ぬのがエンディングプランだったのです。

現在の男性の平均寿命は約80歳です。となると、定年は70歳ぐらいが妥当なのでしょう。今後は70歳を定年にする企業が増えていくのではないでしょうか。

60歳や65歳で定年を迎えるのは、考えればもったいない話です。まだまだ働ける、元気な人が会社を辞めることになるわけですから。

今、60歳の人をおじいさんだと思う人はほとんどいないと思います。例えば私がサラリーマンで、60歳で会社を辞めなければならないとしたら、自分でももったいないと思います。68歳の今でもこんなに働いてるのに60歳で引退なんて、悔しくて眠れないかもしれません。

ただ、60歳というのは急激に老けてしまう人と、ものすごく若く見える人との差が出てくる年齢でもあります。

70歳を超えた俳優さんなどにも驚くほど若く見える方がいます。となると今後は「この人はまだ働けそう」「この人は無理そう」と会社が個別に定年を判断する時代になるのかもしれません。誰もが同じ年齢で定年になる「一律定年」は、やはりおかしい。少なくとも時代にはそぐわないと思います。

一生懸命働き、健康に気をつけ、見た目もできるだけ若々しさを保つように努力する。定年にならず、いつまでも働ける人の条件は、結局は、そんなことになるのではないでしょうか。

個人起業は甘くない。定年前に入念な準備を

定年後の不安の一つに収入の減少があると思います。

定年になって嘱託のような形で会社に残ろうが、職を探して別の仕事に移ろうが、それまでと同じ収入を確保できる人はほとんどいないはずです。恐らく、半減で済めばよいほうではないでしょうか。

老後は生活が縮小しますから、それまでよりも少ない生活費で暮らせる、というのが私の考え方です。

ただ、収入を減らさずに済めば、それに越したことはありません。そのためには、第2の人生をどう歩んでいくかを、なるべく早く考えておくべきだと思うのです。

収入を減らさない方法と聞いて、まず頭に浮かぶのは〝起業〟や〝商売を始める〟といったことではないでしょうか。

今までと同じ額の給料を払ってくれる会社がないのなら〝自分で稼ぐ〟という発想

です。

しかし、これだって簡単なことではありません。

例えばラーメン店で考えてみましょう。月に40万円を売り上げるには、750円のラーメンを月に534杯、売らなければならない計算になります。ただし、ここには材料費、店の賃料、水道光熱費、人件費などの経費が入っていません。実際には、それらをすべて引いた上で、手元に40万円が残るように計算する必要があります。

そんなふうに、ひと月に売るラーメンの目標が決まれば、それを達成するための、店舗の広さや座席数、立地条件なども具体的に見えてくるはずです。

いかがでしょう。ちょっと計算しただけでも、月収40万円を確保するラーメン店の開業が、いかに大変かがわかるのではないでしょうか。

もちろん、いくら計算上では成立したとしても、実際の経営がそのとおりにいくことはまずありません。

他にも投資やアパート・マンション経営など、退職金を元手に儲ける方法や収入を減らさない方法にはいろいろなものがあるでしょう。でも、それらもまた、基本的にはラーメン店の経営と変わりありません。

個人起業の成功のためには周到な準備や努力、そして運が必要です。

残念ながら、楽して儲かる話など、どこにも転がっていません。もし、そんな話を持ちかけてくる人がいたら、間違いなく詐欺だと思ってかまいません。

ただし、そういったリスクを承知したうえでチャレンジするならば、それは新しい生きがいにもなるはずです。

考えてみてください。あなたは20代や30代の時に比べ、飲みに行ったりする回数が減ったのではないでしょうか？

年齢とともに知人からの誘いは減り、また自分の中の遊びたい欲求も減ってくるのが一般的です。ならば、そんな理由でできた時間を、これからの目標を達成させるために使うのです。

もし、あなたが今50歳とすれば、定年までまだ10年以上あります。

その時間をコツコツ努力した人だけが、定年後も〝収入を減らさない〟という褒美にありつけるのだと私は思います。

定年後は有意義にボランティア活動を

定年後のサラリーマンの悩みと言えば、一昔前は「やることがない」が定番だったように思います。

仕事一筋だった人ほど趣味がなく、友人も少なく、定年になったとたんに何をしていいかわからなくなってしまう。

でも、今はそんな時代ではありません。定年後だろうと働くのが当たり前。退職金や年金で不安なく暮らせる人は、ごくわずかです。

ただし、私はそのことをあまり悲観的に捉える必要はないと思います。私も68歳ですが、まだまだ元気だし、働ける。逆に、もし「明日から働かなくていい」などと言われるほうが困ってしまいます。

これから人手不足は加速し、高齢者向けの求人は増えていくはずです。体が元気で、仕事があるのなら絶対に働いたほうがいい。外に出て、体を動かし、いろいろな人と話すことが、元気でいられる秘訣の一つですから。

そして、仕事をしなくても経済的に困らない、仕事をしてもなお余力があるという人にはボランティアをお勧めしたいと思います。

ボランティアは、やったところで生活費の足しにはなりません。むしろ活動費を自己負担せねばならず、「損をする」と思っている人だっているでしょう。

でも、今は交通費や弁当を支給してくれるボランティアも少なくないようですし、何よりもっと大きな利点があります。

一般的に男は、暇になったからといって目的もなく遊んだりするのは苦手です。いつまでも社会の役に立つ存在でいたい、という本能にも似た欲求があるからです。

ボランティアはそんな欲求も満たしてくれますし、新しいことを始めるのは脳への刺激になり、ボケ防止にもなります。

そして何より、一日中家でゴロゴロしていると奥さんに嫌な顔をされますが、外出すれば喜んでもらえます（笑）。社会と奥さんに喜んでもらえれば、まさに一石二鳥ではないでしょうか。

仕事で培った特技のようなものがあれば、それをボランティアに活かすのもよいでしょう。

例えば、海外勤務経験があり外国語が堪能なら、外国人観光客を相手にガイドをしたり、近所の子供に教えたり、ということもできます。

何も特技が思いつかない、という方はぜひ介護ボランティアに参加してみてください。要介護者をお風呂に入れるなどの重労働はプロに任せて、話し相手になったり、車椅子を押したり、やれることはいくらでもあるはずです。

介護の現場は給料も安く、人手不足は深刻ですが、高齢者が率先して参加すれば、もっと参加しやすい仕組みも作られていくはずです。

介護の経験があれば、自分がされる側になった時の「どう介護されたいか」「介護の人達にどう対応したらいいか」というシミュレーションにもなります。

すでに一部地域では実現しているようですが、このようなボランティアに参加したら〝ポイントがもらえる〟などの仕組みも作るべきでしょう。たまったポイントは買い物などに使えるようにしたり、〝何ポイント以上ためたら優先的に介護を受けられる〟などの特典を付ければいいのではないでしょうか。

熟年夫婦円満の秘訣は一緒にいないこと

一般のサラリーマン家庭では、定年になると夫婦で家にいる時間が増えるから生活がガラリと変わることが少なくありません。

それでも仲むつまじく暮らせればそれに越したことはありませんが、逆に不仲になってしまうケースも少なくないようです。

ここ数年で〝熟年離婚〟という言葉もすっかり定着しましたが、定年というのは夫婦のつきあい方を問い直すよい機会でしょう。

冗談みたいな話ですが、私は熟年夫婦が円満でいる秘訣は「なるべく一緒にいないこと」だと思います。

年がら年中顔を突き合わせていれば、嫌なところや腹の立つところがたくさん見えてくるのが当然です。

しかも年をとると頑固になり、お互いに譲りませんから、一度ぶつかり合うと取り返しのつかないことになってしまう。

「時間に余裕ができたのだから、できるだけ一緒に過ごさなくては」なんていう幻想は早く捨て、「ある程度」「そこそこ」「いいかげん」そんな距離感で暮らすのがいちばんだと思います。

例えば「たまには外食でも」とレストランに行ったとしましょう。行く途中は景色が変わりますし、目に映るアレやコレを材料に思いつくまま話せば、さほど話題に困ることはありません。

ところが、レストランに到着し、向かい合って座った瞬間に、不思議なもので何も話すことがなくなってしまう。

最初はレストランのメニューや最近見聞きしたニュースなどについて話したりするのですが、残念ながら期待したほどには盛り上がりません。

すると、しだいに会話はなくなっていき、少し張り詰めた空気が流れ、ひたすら食べ、ひたすら飲むという時間が続きます。

ただ、そんな夫婦は意外と多いのではないでしょうか。

同世代の友人から聞いた話ですが、夫婦で国内旅行に出かけた時、ベッドが別々になっているツインタイプの部屋を予約したはずが、ホテル側の手違いか、ダブルベッドの部屋が用意されていたそうです。

それだけでもおかしな空気が流れる展開なのに、もし、同じベッドに入って、こちらの足が家内の足にでも触れようものなら、家内に「何すんの！」と怒られるか「何かの合図？」と誤解されてしまうのではないかと緊張しっぱなしで、まったく熟睡できなかったとのこと。よくわかります（笑）。

でも、これぐらいの緊張感や距離感があったほうが、意外に長続きするのが夫婦なのではないかとも思います。

妻から自立した生活を

以前、知り合いの精神科の医師からこんな話を聞きました。人間はボケると楽しい記憶は残しておき、つらいことから順番に忘れていくそうです。

そして、男性に妻の名前を聞いてみると、ほとんどが覚えている。ところが、多くの女性は真っ先に旦那の名前を忘れているのだそうです。

つまり多くの女性にとって、旦那とは〝つらい記憶〟でしかないのでしょう。

そこで、ここからは男性への忠告です。

もし、「俺が家内を養っている」などという幻想を持っているならば、少なくとも定年後は一刻もはやく捨てるべきです。

定年までは、かろうじて男には〝給料運搬人〟という役割がありました。

しかし、定年後の男にはその役割もなく、少し自虐的すぎるかもしれませんが、単なる役立たずの同居人です。

そんな役立たずから「メシ」「風呂」などと偉そうに言われたらどう思うでしょう。逆の立場だったら「何だコノヤロー」と腹が立ちませんか？

そう考えると、定年後は男も食器ぐらいは洗うのが当然だと思わなくてはいけません。できれば料理もしたほうがいい。料理教室にでも通って、奥さんと毎日交代で食事を用意するぐらいの本気度を示すことをお勧めします。

私たち団塊の世代は学生時代に安アパートで一人暮らしをした経験がある方が多いと思います。その時にはボロボロの小さな鍋でインスタントラーメンを作ったり、洗濯板を使って下着を洗っていたのではないでしょうか。少なくとも私はそうでした。ですから、団塊の世代は家事ができないわけではないのです。「家事や子育ては女がやるもの」という意識で何となく奥さんに任せていただけ。

ただ、繰り返しますが定年後にその考えは通用しません。

奥さんに先立たれた男は早死にしてしまうというデータもあります。

これなど男がいかに奥さんに頼りきって暮らしていたかの一つの証拠でしょう。目指すべきは奥さんからの自立です。定年後と言わず、50代から始めてもいいことだと思います。

加えて定年後は、奥さんの行動に干渉しすぎないことも大切です。

奥さんが出かけるとなると「どこへ行くんだ？」「誰と行くんだ？」「何時に帰るんだ？」と質問攻めにし、あげくに「俺も一緒に行こうかな」などと言い出す男性もいるようです。

寂しいのかもしれませんが、奥さんにも今までに築いてきたテリトリーがあるのですから、暇だからといって、ズケズケとそこに侵入してはいけないのです。

長年連れ添ったというだけで、夫婦は一心同体ではありません。互いを尊重し、立ち入らないエリアを作ることが何より大事なのです。

夫婦という関係に依存しないこと。早いうちから精神的な〝奥さん離れ〟はしておくべきでしょう。

夫婦2人だけの旅行は意外に苦行！接待気分で臨むべし

さらに男性への忠告を続けます。

よく「定年後は妻と一緒にのんびりと旅行に」などと、夢のような願望を口にする男性がいますが、肝心の奥さんは、そんなことは微塵も思っていません。

「旅行に行ってまで旦那の世話をしなきゃならないなんてうんざり！」

「どうせ行くなら仲のよい友達と行きたいし、旦那と行くぐらいなら一人旅のほうがずっと気楽！」

大半の女性はそう思っているのです。

もちろん、いつも夫婦だけで旅行に行ってますとか、いつもではないにせよお互いが望んで行く夫婦旅行であれば何も言うことはありませんが。

男というのは、たいてい家事や身の回りの世話を奥さんに任せていますから、それがたとえ旅先であっても、知らず知らずのうちに奥さんに同じことを求めてしまいがちです。

しかし、奥さんにしてみれば、旅先でまで旦那の世話をしなければならないのでは、たまったものではありません。ですから、多くの奥さんが「誰と一緒に旅行したいか」という質問に、「友人」と答えるわけです。

本当に〝奥さん孝行〟を考えるなら「友達と旅行にでも行ってきなよ」と旅費だけをポーンと出してあげるのがいちばん喜ばれるでしょう。

「いやいや、うちの奥さんは俺が誘ってもうれしそうだったぞ」という反論も聞こえてきそうですが、もしかしたら、それは奥さんの気遣いかもしれません。

もし2人で旅行へ出かけるなら、ツアーなどを選ぶのがいいでしょう。ツアーであれば、同年代の夫婦が参加している可能性が高く、「どちらからいらしたんですか？」などと話しかければ、親しくなれるかもしれません。

夫婦2人では煮詰まってしまうような場合でも、他に話しかけられる相手がいれば、ずいぶん状況は変わります。

何泊かする予定だったのに、目的地に着くまでにケンカしてしまい、残りの日程を気まずい雰囲気で過ごした——というのはよく聞く話ですが、そんな状況も、ツアーなら何とか乗り切れるでしょう。少なくとも夫婦のどちらかが社交的でなくてはダメですが。

〝奥さんとの旅行は接待だと思うべし〟というのが私の結論です。奥さんに主導権を握ってもらい、とにかく奥さんに楽しんでもらうことに全力を注ぐ。それが夫婦で旅行へ行く時の男性の心得ではないでしょうか。

老後は子供に頼らず自立を

老後の面倒を自分の子供に見てほしいと思っている人はどのぐらいいるでしょうか。ちなみに、私はまったく思ったことがありません。周りにいる同世代に聞いてもほとんど同意見ですから、私たち団塊の世代には、老いても子供の世話にはなりたくないと思う人が多いようです。

確かに、一昔前には「親の老後の面倒は子供が見るもの」という意識がありました。戦前は兄弟姉妹が多く、３世代同居も当たり前、そんな大勢が一緒に住める広い家もありましたから。

人は生まれた土地で育ち、就職し、結婚、新しい家庭を作り、その土地で一生を終えるのが一般的だったのです。

たとえ同居していなくても、親は近くに住んでいましたから、老後の面倒を見るのもごく自然なことだったでしょう。

ところが、今は進学や就職を機に、生まれた土地を離れることは珍しくありません。そして一度故郷を離れたら、そのまま戻らないというケースも多々あります。

そうなると、家族全員がバラバラで、親は北海道、兄は東京、自分は沖縄に住んでいるなんて場合もあるわけです。

都会ともなれば、家は狭く、同居スペースもない。離れた土地に住む親の面倒を見るのは、かなりの負担になります。

それは親も承知の上ですから、面倒を見なくてもいいよという人が増えたのでしょう。その代わり、自分で稼いだお金は子供に残さず、自分で使わせてもらうという意識の人も増えているように思います。

ぽっくりと逝ってしまえば、残ったお金は子供が自由に使えばいいのですが、徐々に死んでいくのはお金がかかります。それを子供に負担させたくないから、自分たちのお金を使うわけです。

つまり、それは我々自身の子供からの自立につながるのです。

かわいい孫とは距離感を

初孫ができる年齢というのは、平均するとだいたい55歳ぐらいのようです。きちんとした統計があるわけではありませんが、仮に自分が30歳で子をもうけ、その子が25歳で子を授かれば、その時自分は55歳ですから、まぁ妥当なところでしょう。孫ができれば、もう立派な年齢です。

いくら口では「まだまだ若い」なんて言ったところで、孫からすればおじいちゃんですから、その事実からは逃れられません。

私には、まだ孫はいませんが、同世代の友人たちはすでに大半が孫持ちです。そんな彼らの話を聞いていると、孫とどう接すればいいのか、適切な距離を保つのがなかなか難しいことがわかります。

かわいいがゆえに甘やかしすぎたり、逆に関心が持てなかったり。みんないろいろと苦労しているようです。

中でもやはりよく聞くのは、「かわいくてしょうがない」という話です。

自分に子供が生まれた時は、喜びと同時に「成人までこの子をちゃんと養っていかなければ」という責任感や緊張感、あるいは不安といったものがありますが、孫にはそれがありません。ですから無責任に甘やかしてしまう。

ところが、それをやってしまうとたいていは親（つまり自分の子ですね）ともめることになります。

それはそうでしょう。親としては〝しつけ〟がありますから、たとえ子供が道端で泣きわめきながらオモチャをねだろうが「ダメだ」と厳しく叱ります。

でも、孫に甘いおじいちゃんは、それがかわいそうで見ていられず、「お母さんには内緒だよ」などと買い与えてしまうのです。

さらに、そういう人は、孫が甘えてくる時は喜んで相手をするのに、孫の機嫌が少しでも悪くなると〝触らぬ神にたたりなし〟とばかりにとたんに、どこかへ行ってしまいます。

それは〝いいとこ取り〟以外の何ものでもありません。

やはり、かわいがるなら責任を持ち、時には嫌われる覚悟できちんと叱ること。単に甘いだけのおじいちゃんは親からするとありがた迷惑なのです。

まぁ、友人たちを見ていると、それがなかなかできないようですが（笑）。

孫との距離の取り方は、個人的には「無関心」ぐらいがちょうどいいと思っています。

かわいがりたい気持ちはわかりますが、孫にはしつけと教育を施し、いずれは独り立ちさせなければなりません。

当然ですが、その責任は親にあり、じいさんばあさんは基本的に無関係なのです。やるべきことは親のサポート。

親から助けを求められた時だけ口とカネを出せばいいのです。そうすれば感謝されるし、親との関係もうまくいくはずです。

思い起こせば、うちの父親も孫（つまり私の子供）には無関心でした。

それどころか子育てにも興味がなく、私の授業参観や運動会に来たことは一度もありません。

でもそれでいいのではないでしょうか。

男とは本来そういう生き物だと私は思うのです。

よいのか悪いのかよくわかりませんが、私はきっちりと父親のそういう遺伝子を受け継いでいます（笑）。

第2章 健康な体あってこそ

ベスト体重とヒザ裏ストレッチが健康の秘訣

職業柄、取材を受ける機会が多いのですが、聞かれると困る質問の一つに「弘兼さんの健康法は何ですか?」というものがあります。

漫画家などという運動不足になりがちで、ストレスがたまる仕事をしているわりに、健康そうに見えるからでしょう。

こういった老後についての著書も何冊か出版しているせいもあるのでしょうが、本当によく聞かれます。

何か自慢できるような健康の秘訣や弘兼家に代々伝わる独自の健康法でもあればよかったのですが、残念ながらそういったものをご先祖様は残してくれませんでした。

それどころか毎日が多忙で、運動すらほとんどしていません。にもかかわらず、「健康法は?」と質問されるのでハタと困ってしまうわけです。

健康法とは程遠いかもしれませんが、強いてあげれば体重は気にしています。現在、私の体重は77キロの後半といったあたり。身長は１７２センチですから、痩せてもいなければ太りすぎてもいない。自分では〝小太り〟状態だと思っています。

個人的にいちばん調子がよいと感じる体重は76キロ台の後半ですから、もし78キロ台に突入してしまったら一気に減量態勢に入ります。具体的には御飯の量を減らします。

一般的に、自分の適正体重を求めるには「身長から１１０を引く」という方法があります。

ただし、私はこれをまったく信用していません。この計算だと私の場合、62キロというありえない数字になってしまうからです。恐らく私の年齢ではこの計算方法は適切でないのでしょう。

ＢＭＩと呼ばれる「ボディマス指数」というものもありますね。これは〈体重÷身長の二乗〉で計算します。その結果が18・5以上～25未満なら適正体重、それ以上なら肥満、それ以下なら低体重（痩せ型）ということになります。

試しに私で計算してみると【77キロ÷（1・72メートル×1・72メートル）】で、結果は「26」ですから軽い肥満の部類に入ります。ただし、この数値が26ぐらい、つまり少し太めの人のほうが長生きするというデータもあるので、私はこちらのほうを信用しています

（笑）。

そういえば、もう一つ気にかけていることがありました。

ヒザの裏の筋を伸ばすことです。年をとるとこの部分の筋がどんどん硬くなり、脚をまっすぐ伸ばせなくなっていきます。

機会があればお年寄りを観察してみてください。おそらくヒザが軽く曲がっているはずです。

これは漫画の技法でもあるのですが、ヒザを軽く曲げて人間を描くと、とたんに老人のようになります。逆に言えばヒザがピンと伸びていれば、若々しく見えるのです。

わざわざ時間を取ってヒザの裏を伸ばす運動はしていませんが、お風呂に入った時に立ったまま身体を洗うようにしています。

そして、足先やくるぶしを洗う時にもヒザを伸ばしたままにする。そうしているうちに自然とヒザの裏が柔らかくなり、今では両手が床にペタンと付くようになりました。

気が向いた時には左右の肩甲骨を背中の中央で合わせるようなイメージで、胸を張るストレッチもしています。

これは元体操選手の田中理恵さんが教えてくれた方法。胸を開くというより、肩甲骨を合わせるイメージを持つほうが、より効果的なストレッチになるのだそうです。

これで背筋とヒザをピンと伸ばせるようにしておけば、少なくとも見た目から老いは感じられないはずです。

巷の健康情報は気にしない

健康を維持するために毎日の食生活が重要なことは言うまでもありません。

ですから、巷には「あれを食べろ」「これを食べるな」といった食に関する健康情報があふれています。その手の本からベストセラーが出ることも珍しくありません。ダイエット法などでも同じですが、いろいろな人がさまざまな方法を提唱しています。その中で、どれが合うかは人それぞれです。

人によって体質が違うわけですから、最終的にどれが合うかは自分で見つけなければいけません。もちろん、本の内容がピッタリなら、それに越したことはありませんが。

信用しないわけではありませんが、私自身はこういった情報はあまり気にしない性格です。

私が食生活でいちばん大事にしているのは〝食べたいものを食べる〟ということ。

皆さんもその日の気分によって「今日は肉が食べたい」「いや、今日は魚だな」と思うことがありますよね。

私は「それを体が欲しているのだ」と考えて、食べるように心がけています。「体の声を聞く」と言うと少々大げさかもしれませんが、まぁ、そういうことなのだと思っています。

食べる量や時間帯には気をつけていますが、食べるものに制限はかけません。「あれは食べない」「これは食べなきゃ」とやると生活を縛ることになるからです。

生活を縛るとストレスの原因になりますし、逆に不健康ではないかと思うのです。

結局、食べたいものを食べるのがいちばんおいしく、また私にとっては健康を維持する方法のようです。

一般的にはあまり健康によろしくないとされるジャンクフードも大好きです。特に、インスタントラーメンは新商品を見つけると、つい手を出してしまうほど。ただし、これらを食べるのはだいたい昼間で、夜には食べないようにしています。

また、漫画のネームを考えるために、朝から喫茶店で間食してしまった時は（私は朝食をとりません）、昼間でもインスタントラーメンは控えます。

そうやって〝食べたいものを食べる〟という基本路線は守りつつ、食べる量やカロリーは常に意識しています。

夕食は仕事場でアシスタントと食べることが多いのですが、夜中まで起きていることが多いため、寝る前にどうしてもおなかが空いてしまいます。でも、そこで間食すると、すぐに太ってしまうのです。

ですから、私は夕食を2回に分けて食べます。最初は仕事の都合で夕方5時か6時ぐらい。そして、半分残しておいた夕食を夜10時ぐらいに食べることで、オーバーカロリーになることを防いでいるのです。

この年になると、残された食事の回数がおのずと決まってきます。1日3食として、平均寿命まであと12年……。そう考えると1食たりともその楽しみをムダにしたくないと思うのです。

年をとれば物忘れは当たり前！ボケは最後の桃源郷

「最近物忘れがひどくなったなぁ」、年をとるとそんなふうに感じる機会が増えてきます。

パッと人の名前が出てこない、物をどこに置いたのかわからなくなる、何かやるべきことがあったはずなのに……。

こんなことが続くと「自分はこのままボケてしまうのでは？」なんて不安になる人もいるでしょう。

私や私の周囲も、ずいぶん前からこんな状態です。

友人と酒を飲みながら好きな映画の話になれば、監督や俳優の名前が出てこない。別に出てこなくても全員の頭にその監督や俳優の顔は浮かんでいますから、話を続けることはできるのですが、何となく気持ちが悪いので、全員でしばらく「うーん」とうなることになります。そして、誰かが思い出したり、スマホで調べたりして、やっと「あ、ヒュー・ジャックマンか！」などとなるわけです。

物の置き忘れなども日常茶飯事です。

外出しようと車のキーを持ち、自分の部屋から出ます。で、「その前に水でも飲むか」とキッチンに立ち寄り、水を飲みます。すると、もうキーが見当たらない。水を飲むのに邪魔だからと、どこかにポイッと置いたはずですが、その場所をもう覚えていないのです。

でも、実を言うとこういうことを私はあまり気にしていません。

年をとれば物忘れなんて誰でも激しくなるものです。以前、「老人力」という言葉がはやりましたが、「俺も老人力がついたもんだ」と気楽に考えています。

そもそも名前なんか出てこなくたって、「あれ」や「あの人」で話が通じるのなら何の問題もないわけです。

言葉は単なる道具の一つですから、短い単語で意思の疎通ができるなら、それに越したことはありません。いや、むしろ、そのほうが高度なコミュニケーションなのかもしれないのです。

ただし、そうは言っても「絶対にボケたくなんかないぞ、弘兼は何を寝ボケたことを言ってるんだ」と思う人もいるでしょう。

そんな人は、今やスマホや携帯でどんなことでも瞬時に検索できる時代ですが、あえて〝調べない〟ということを実践してみてください。

例えば、テレビを見ていて「あれ？　これ、何てタレントだっけ？」と思うことがあったとしても、グッとこらえてネットなどで検索しないのです。何とか自力で思い出すことで脳を活性化してやるわけです。

私個人は、ボケないようにあれこれ頑張りすぎたり、気にしすぎたりするのは、窮屈で嫌いです。

いくら努力したって、いつか老いはやってくる。だったら「いつでもどんと来い！」と気楽に構えることが大事だと思うのです。

もっと言えば、「ボケたっていいじゃないか」とすら私は思っています。

周囲は大変な思いをしますが、ボケた当人は案外〝幸せ〟なのかもしれません。

見方を変えれば、ボケというのは人間が最後に到達する〝桃源郷〟なのかも……と思うこともあります。

どんなことでも、考え方一つでプラスにもマイナスにもなるのです。

若さと元気を得るならストレスとうまくつきあうべし

いろいろな方から「弘兼さんはいつもお若いですね」「元気ですね」と言っていただくことがあります。

半分以上はお世辞なのでしょうが、私自身もそう思っているフシがあるから始末が悪い（笑）。

漫画を描いて、ラジオ番組に出て、講演に行って、取材を受けて、料理をして、酒を飲み、好きなバンドのライブを観に行って自分の運転でゴルフ場にも行く……我ながら本当に毎日よく動くものだとあきれてしまいます。

というわけで、「健康法は何ですか」という質問と同時に、取材などでよく聞かれるのが「若さと元気の秘訣は何ですか」という質問です。

これも雲をつかむような話で、当人にはよくわからないのですが、恐らくそれは〝適度にストレスがあること〟だろうと思っています。

やはり人間、あまり幸せにぼんやりと暮らしていると早く老けてしまうような気がします。

〝子供全員が立派な社会人になり、結婚して、孫も生まれ、家族がみんな幸せ〟などという家のおじいさんより、

「あのウチの息子、いい年してまだ定職に就いてないんだって?」

「どうやら漫画なんか描いてるらしいよ」

という家のおじいさんのほうがボケにくいのではないかと思うのです。

心配事があり、「どうすればいいんだろう」と常に頭を働かせていることが、きっとプラスに作用するのでしょう。

「自分がもしボケてしまったら」

「倒れてしまったら」

「この子はちゃんと生きていけるのだろうか」

そんなストレスが〝ボケさせてくれない〟と言ってもいいかもしれません。

その意味で、スマホやタブレットなどの最新機器もどんどん使っていくべきだと思います。

この手の機器は、私たちの世代にはあまりなじみのない操作方法を導入していることが多いので、慣れないうちはかなりストレスがたまります。でも、ちょっと練習すれば誰でも必ず使えます。

時々、意固地になって「俺は通話しかしねえからスマホなんかいらねえんだ！」などと言う人がいますが、これはもったいない。自分に軽いストレスを与えるつもりで、どんどん挑戦してみるべきだと思います。

スマホやタブレットが使えるようになると、便利なだけでなく、楽しいことも増えます。

私は音楽が好きなので、よく動画サイトで好きなアーティストの曲や若い頃に聴いていた曲を検索するのですが、そうするとその曲をまったく知らないアーティストがカバーしていたりして「あ、こんな曲もあったんだ！」と新しい発見をすることもあります。

今、夢中になっている〈B.C.V.〉という日本のエレキバンドもそんなふうに動画サイトをウロウロしていたら、偶然見つけたバンドです。

メンバーのほとんどが20代なのに、ベンチャーズや寺内タケシとブルージーンズ、加山雄三などの曲をメインで演奏しています。

メンバー全員なかなかのイケメンなのに、客席が50代以上の女性ばかりなのがちょっとかわいそうですが（笑）。

少し話がズレましたが、私の知人の社長や政治家、起業家といった人たちも若々しくエネルギッシュです。

彼らもまた、経営のプレッシャーや人前に出るストレスを常に抱えています。そうした環境が、若さや元気を生むのだと私は思っています。

健康食品やサプリの過信は禁物

日常生活に支障が出るほどの体調不良であれば迷わず医者にかかればいいのですが、年齢とともに増えてくるのが「何となくだるい」とか「何となく血糖値が気になる」といった〝何となくの不調や不安〟です。

そんな時に気になるのが、健康食品やサプリメントではないでしょうか。健康維持や体調改善のために利用している人は多いと思います。

自分で買ったことはありませんが、私もいくつか試したことがあります。健康食品などを扱っている企業の関係者から、試供品をいただいたり、海外旅行へ行った友人が「すごく効くらしい」と現地でしか買えないものをお土産で買ってきてくれたりするからです。

そんな中から、私が健康のために毎日飲んでいるのが、ゴマの成分が入ったお茶です。ちょっと高血圧気味の私を気遣って、メーカーの関係者が「血圧を下げる効果がありますよ」と送ってくれたのがきっかけです。

それ以来、通販でまとめて買っていますので、冷蔵庫で冷やしておき、起きがけにゴクゴクと水代わりに1本飲んでいます。

血圧は依然高めのままですが、飲んでいなければもっと高くなってしまうのかもしれませんから、もう数カ月ずっと続けています。

普通の食事をすることで健康維持ができるなら、それがいちばんだとは思いますが、健康食品なども否定するつもりはありません。

「病は気から」という言葉もありますから、そのおかげで健康でいられるのなら大いに利用すればいい。それが、健康食品やサプリメントに対する私のスタンスです。

ただ、私の知人にテレビなどで健康情報を見聞きすると、何でも試したがる女性がいます。白米を玄米に変えたことを皮切りに、寒天、ヨーグルト、青汁、黒酢、黒にんにくなど、食事の前に口にするものが山のようにあります。

そのせいか体重も10キロ以上減り、毎日体調がよいようですが、「何が効いているのかわからないから何一つやめられない」というのが、現在の悩みだそうです。

健康食品というのはすぐに結果が出ませんから、数種類を長年続けている人ほど、何が効いていて何が効いていないのかよくわからなくなってしまうわけです。「これが効いていないのかも」とやめてしまうと、もしかしたらそのおかげで体調が悪くなってしまうかもしれない……。そう思うと、何もやめられないし、利用する健康食品は増える一方です。そうなってしまうと、ちょっと大変かもしれません。

その点、私は1種類だけなので、よけいな心配をせずに済んでいますが（笑）。

健康でいたいというのは誰もが願うこと。しかし、それを求めるあまりストレスがたまってしまうのは本末転倒です。

「健康のためなら死んでもいい」なんて冗談もありますが、健康食品やサプリメントとのつきあいはほどほどに。

過信も否定もしない、適度な距離を保つのがよいと思います。

心地よい眠りのコツは酒と映画でリラックス

昔からよく「人生の3分の1は睡眠だ」と言います。確かに、1日のかなりの時間を睡眠に割いているわけですから「健康」や「長寿」のために、睡眠は大きく関わっているのでしょう。

ところが、年齢とともに寝つきが悪くなったり、起きたい時間よりもかなり早く目覚めてしまったりと、十分に眠れていないと感じることが増えてきます。

すると「私の睡眠は大丈夫なのだろうか」と不安になり、布団や枕に凝り始めたり、睡眠導入剤を試してみたりする人が多くなります。でも、寝なければいけない、という強迫観念が逆に不眠を助長する結果にもなります。

私はあまり睡眠で困ったことがありません。

私の睡眠時間は平均すると1日約4時間です。

朝の4時頃に寝て、8時頃に起きるのが普通です。9時過ぎに起きることはあっても、10時まで寝ていることはありませんから、睡眠時間は長くても5時間半ぐらいでしょうか。短いかもしれませんが、ずっと昔からそうなので、恐らくそういう体質なのでしょう。

別にきっちりと決めているわけではありませんが、寝るまでの段取りもある程度ルーチン化しています。

まず、寝る前には必ずお酒を飲むようにしています。深夜の2時ぐらいに仕事を終え、仕事場から10分ほどで帰宅すると、お酒とつまみの準備をします。

酒量は決めていて、日本酒なら約250cc、ワインならボトル半分といったところ。ほろ酔いになる程度ですね。それを映画を観ながらチビチビと飲むわけです。この間に、仕事で興奮状態だった脳を、少しずつリラックスモードに切り替えていきます。

この時に観る映画は、衛星放送などでオンエアしている、途中で観るのをやめても続きが気にならないB級映画です。

最後まで観たくなってしまう名画などは、眠れなくなってしまいますから観ることはありません。あくまでも睡眠を促すための映画ですから、中身なんかどうでもいいのです。

つまみは、昼間スーパーで買っておいたマグロやタコ、クラゲなどの刺身が多いです。深夜ですから、なるべくカロリーが低いものを選んだ結果です。

余談ですが、「今日は冷蔵庫にマグロの中トロの刺身があるな」と、それを励みに仕事に精を出していることもしばしばです（笑）。

寝具にこだわりはありませんが、少し頭を高くして寝るのが好きです。ですから、ベッドは上半身を軽く起こすような感じで傾斜をつけています。ちょうど、介護用ベッドのような感じですね。

いかがでしょう。これが私の睡眠スタイルです。あらためて振り返ると、いつ眠りに入ってもよい状態にして、無理に寝ようとしていない点が、眠りに困らない秘訣なのかもしれません。

もちろん、これが万人向けだとは思いませんが、もし十分に眠れていないと感じている人がいたら、逆に上手に寝ようと意識しすぎなのかもしれません。

眠れなければ寝なければいい。体は正直ですから、そのうち必ず眠くなる時がやってくるはずです。

眠れない時には、あまりおもしろくない本の読書でもして、自然と眠くなるのを待つのもいいですね。
「気持ちも体もリラックス」が何より大事です。

老人を脅かす冬の寒さはこの方法で乗り切る

年をとると、季節の変わり目の体調管理も難しくなってきます。

私も60歳を超えた頃から、年に一度ぐらい、大きなカゼをひくようになってしまいました。

38度以上の熱が出たうえに、治りも悪く、いつまでもセキをしたり、鼻水がタラタラと出たりします。

それはやはり、少しずつ寒さが増してくる12月あたりが多い。

しかし、その時期は締め切りが立て込んでふだんより忙しく、何があっても休むことができません。それだけにカゼの予防には気を遣います。

冬の寒い時期は、外出時には必ずマフラーやストールを巻くようにしています。数えたことはありませんが、かなりの本数を持っているほうでしょう。その理由は首元さえ締めておけば暖かく、温度調整が簡単にできるからです。

科学的な根拠はよくわかりませんが、暖められた空気は上に向かいますから、首元が開いていると、せっかく体温で暖まった空気がそこから逃げてしまうのではないでしょうか。仕事で出かける時はスーツが多いのですが、ネクタイを締めるだけでも暖かく感じます。

タートルネックの服を着るという方法もありますが、私は着ません。冬は打ち合わせなどで使う店内が暖房で暖かくなっていることが多く、外から入ると暑くて汗ばんでしまうからです。

カゼやインフルエンザの予防に加湿器を使っている人も多いと思います。ウイルスは湿気に弱いそうですから、乾燥する冬は大いに使いたいところです。

ただし、私の仕事場では使いません。

というのも加湿をすると、原稿用紙が水分を吸い膨らんで、ペン先が刺さってしまうからです。滑らかに線を引くためには、乾燥していたほうがいいのです。

逆に梅雨時の仕事場のエアコンは、除湿のために毎年フル稼働しています。

入浴にも気を遣っています。

年をとると四肢が乾燥してかゆくなりますから、保湿成分がある入浴剤を使っています。

中でも「○○温泉の素」のような有名な温泉の名前がついた、にごり湯系の入浴剤がお気に入りです。そのほうが温まるかはわかりませんが、気分的に楽しめるからです。

とはいえ、湯船につかるのは、せいぜい5分ぐらい。長風呂はしません。せっかちな性格ですから、退屈というのもあるのですが、あまり長い時間入っているとのぼせてしまうのです。

サッと入って、血行がよくなったなと思ったらすぐに出ればいい、というのが私の考えです。

ここで注意をしたいのが、「ヒートショック」という現象です。

ご存じの方も多いと思いますが、急激に温度が変化すると血圧が大きく上下に変動し、心筋梗塞や脳梗塞などで倒れてしまい、最悪の場合死ぬことがあるのです。

これはやはり高齢者に多く、風呂から上がった際にもよく起こるようです。年をとったら風呂の出入りにも気をつける必要があります。

弘兼憲史流「新老人」のススメ

第3章 新老人の心構え

年をとったら嫌われないこと

年をとったら他人から嫌われないことが大事です。

若い時には「誰の世話にもなるもんか」「自分のやり方・考え方を押し通すぞ」という気概やある種の頑固さがプラスに働き、出世などにつながることもあります。

ただ、年をとってからは、残念ながらあまりプラスに働きません。

まず、嫌われると孤独になり、孤立します。するとイジメの対象になる可能性が出てきます。

一人の時間が増え、人と話す機会が減ることは、脳の老化を早め、ボケる原因にもなるでしょう。

また、孤独がつらいと、鬱状態になり、ついにはみずから死を選んでしまう……なんてことにも。

「何を言ってるんだ。俺は一人の時間が好きなんだ」という方もいるでしょう。

でも、自分の意志で一人の時間を作るのと、一人でいなければならないことは、根本的にまったく別の話です。

誰かとコミュニケーションを取りたいのにかなわない。それが孤独や孤立です。すべての人に嫌われなければ、それに越したことはありませんが、中でも嫌われたくないのが、看護師や介護士といった職業の方です。

いくら仕事とはいえ、彼らも一人の人間です。体調が悪いからとワガママばかり言い、ちっとも言うことを聞いてくれない患者と素直な患者。どちらの世話をしたいと思うでしょうか。

答えは言うまでもありません。これは極論ですが、二人の患者の容体が同時に急変し、時間的にどちらか一人しか助けられないとしたら、助けられるのは嫌われていない人です。

現在、自宅で死ぬ在宅死の人は少数で、ほとんどの人が病院で最期を迎えることになります。

長かったり、短かったり、その期間は人によってマチマチですが、私たちもいずれは入院し、オムツを取り替えてもらったり、食事を口に運んでもらったり、さまざまな介護や世話を受けることになります。

もし、あなたが大嫌いな人の看病をしなければいけない立場になったら、「面倒くせえなぁ。まだ生きてるのか」と思うことって、あるんじゃないでしょうか？〝嫌われない〟ということは、命に関わる重要な技術でもあるのです。

あきらめる＝究極のプラス思考

「人間、あきらめが肝心だ」という言葉がある一方で「あきらめずに努力し続ければ、夢は必ずかなう」といった言葉もあります。

どちらも真実だと思いますが、高齢になると、努力し続ける時間も体力もあまり残されていないのが現実です。

となると、〝あきらめること〟というのも案外重要な技術ではないかと思うのです。

私の知り合いに、30歳を過ぎるまで難関の東京藝大を受験し続けた男がいました。

もう、とにかくそれだけを目標に必死で勉強して、何度不合格になっても、あきらめずにチャレンジし続けたのです。

結局、彼は合格することができませんでした。

当然ですが、大学に受かることは人生のゴールではありません。たとえ30歳で合格できたとしても、卒業後の人生が保証されるわけではありませんし、事実、私の知り合いにも仕事のまったくない東京藝大の卒業生がゴロゴロといました。

であれば、20代という貴重な時間を「東京藝大に合格する」という目標を達成することだけに費やしてしまってもよいのか。2浪、3浪ぐらいはいいとしても翌年からは別の大学や就職なども選択したほうがいいのではないか。

そんなふうに現実的に考えることが必要になると思うのです。

〝あきらめる〟というのは「現実を受け入れ、冷静に判断する」ということなのです。

夫婦関係もある程度まで冷えきってしまったら、あきらめたほうがいいかもしれません。何年もかけて関係の修復を試みるより、さっさと新しい相手を見つけて恋愛でもしたほうが、いい場合もあります。

もちろん、長年連れ添った間柄ですから、そう簡単に離婚できるものではないでしょう。お金や家族、親族など、さまざまな事情も絡んできます。

ただ、離婚できない理由の一つに「新しい生活を始めるのが面倒だ」という意識はないでしょうか。

年をとってくると、新しいことを受け入れるのが面倒になってきます。

それは恋愛事も同じで、また一から相手との関係を築き上げていくのが、面倒になってしまうのです。だから「このままでいいか」と現状維持をする。

新しい生活が始まることは、今までの価値観を捨て、新しい世界に突入するわけですから、当然、うまくいくことばかりではないでしょうが、それすらも楽しいと思えることが〝若さ〟ではないでしょうか。

すでに手に入れたものに固執することは、個人的にはあまりよいこととは思いません。

あきらめるとは過去を振り返らないことでもあります。過去を振り返らず、現状を受け入れ、冷静に判断する。それができれば、たとえ困難があっても「どうやって乗り切ろうか」と、そこに楽しみを見いだすことができます。

私にとってあきらめるとは、究極のプラス思考なのです。

高齢を理由に気遣いを求めてはダメ 周りへの謙虚な気持ちが大切

最近、「マナーの悪い高齢者が増えた」という話をよく聞きます。実は私もそう感じることが増えました。

例えば、毎日のように食材を買いに行くスーパーのレジに並んで見ていると、すっかり計算が終わり、「○○円になります」と店員に値段を言われてから手下げの中から財布をゴソゴソと探しだすのは圧倒的に高齢者が多い。逆に若者は、きちんと財布を取り出した状態でレジに並んでいます。

中には、高齢のせいで財布を取り出しておくところまで気が回らない人もいるでしょう。何の悪気もない人もいるはずです。

ただ、「年寄りなんだからそのぐらい大目に見てほしい」「気を遣われるのが当然」といった態度の高齢者がいることも事実のようです。高齢者を敬うことが当然の時代に育った世代ですから「これぐらい若い層に甘えて当然」という意識があるのかもしれません。

しかし、これからは高齢者はマイノリティではなくてマジョリティです。特別扱いされる時代ではないということも考えておかなければならないでしょう。

私の父親世代も「客は偉い」という意識を持っている人が多い。喫茶店などに入るとウエートレスに向かって「コーヒーくれ！」「おしぼりはまだか？」と命令口調で言い放つのです。父のそんな姿を見て、私は子供ながらに「イヤだなぁ」と感じていました。なぜ「すみません、コーヒーをお願いします」と丁寧に接することができないのか。

年をとったことを理由に気遣いを勝手に求めるのは、ただの傲慢です。むしろ、年をとるほど謙虚な気持ちで他者に接する姿勢が大切です。例えば、年上だからといって偉そうに話すのではなく、若者にも敬語を使う。そうすれば「自分みたいな若者にも敬語で話してくれるのか」と尊敬されるかもしれません。尊敬する人の言葉は案外素直に受け入れてくれるもの。すると、自分の主張も通りやすくなる。謙虚になれば、結局、自分の〝利〟としてはね返ってくるのです。

私も基本的に敬語で話すことを心がけています。老いて大事なのは「実るほど頭を垂れる稲穂かな」の精神なのです。

いつか使うかも…は二度と使わない生活空間に負担をかけない老前整理術

最近、「老前整理」という言葉を聞くようになりました。老前整理とは、まだ体が元気なうちに不用品の整理を進めていくことです。

似た言葉に「生前整理」がありますが、これは自分の死後、遺族が相続問題などで苦労しないように財産や持ち物を整理することですから、言葉こそ似ていますが、根本的に違います。

他人に迷惑をかけないためではなく、自分が快適に暮らすために行うのが老前整理なのです。

老前整理は、私も積極的にやるべきことの一つだと考えています。

年を取って体力が低下すると、いざ片づけようと思ってもなかなかはかどりません。不用品で家の中がゴチャゴチャしていると思わぬケガの原因になることもある。

物忘れもひどくなり、ただでさえ「あれはどこにあったっけ？」ということが増えてくるのに、物がたくさんあると、さらに探し物を見つけるのは困難になります。

年をとったらなるべく持ち物を少なくすることが、快適で安全な暮らしにつながります。

私も数年前から〝持ち物を半分にしよう運動〟を始めています。本、服、靴などの処分はかなり進み、最近は映画やテレビ番組を録りだめたVHSテープの処分に取りかかっています。

映画などはいくらでも観る方法がありますから処分は簡単ですが、迷ったのはテレビ番組です。その中には昔、私が出演した番組もずいぶん含まれているからです。

そんなものを自分で見返す趣味はまったくないのですが、何かの資料として必要になるかもしれません。実際、学生時代の写真などはよく編集部から求められることが多いのです。

しかし、いい機会ですから、それらもすべて処分しました。必要なら誰か知人が持ってるかもしれませんし、今の時代なら動画サイトを探せばアップされているかもしれない。別に私が持っている必要はないだろうと考えたのです。

不要なものを処分する時は、まずどこか一部分や1ジャンルにしぼり、そこから手をつけてみるといいでしょう。

例えば、ふだんあまり使っていないような引き出しを開けてみます。すると「こんなものがあったんだ？」と思うような意外なものが見つかることがあります。

これなどは、そこにあることを自分でも忘れてしまっていたのですから、仮にまだ使えるものだとしても、捨ててしまってかまわないでしょう。もったいないと思うかもしれませんが、それはきっと今の生活に必要ないものなのです。

そう言うと、捨てられない人から「でも、いつか使うかもしれないじゃないか！」と反論されることがあります。

では、その〝いつか〟はいつ来るのでしょう。

少なくとも、それを使う機会はこれまでなかったわけです。しかも、そこにしまっていたことすら忘れていたのですから、もし必要な時が来ても引き出しから取り出すことはできません。

残念ながら、私たちの家は不必要なものをたくさん抱えておけるほど広くはないはずです。必要のないものはどんどん捨てる。そして何か新しいものを購入したら、それと同じ体積のものを捨てる。そんな意識を持たないと、家の中のものは増え続け、行く末はゴミ屋敷……なんてことにもなりかねません。

職業柄、すぐに増えてしまうのは本ですが、それも思い切って捨ててしまいました。

一昔前、本は貴重なもので、一度手放すと再び入手するのはなかなか難しいものもありましたが、今はネットで検索すれば手軽に購入することができ、たとえ絶版本でも、比較的簡単に古本を見つけることができます。

電子書籍化された本の点数も、かなり増えました。

手元に置いて何度も読みたい本や刷り部数が少ない希少本なら別ですが、柔軟に考え、より便利で家に負担をかけない方法を選択すべきでしょう。

本と同様に処分に困るのが服や靴です。

古くなって着ないものは簡単ですが、高価でまだ着られるものはさすがの私も心苦しい。ただ、これは一度思い切って半分になるまで処分してから、その量より絶対に増やさないことを意識しています。

新しいTシャツを1枚買ったら、家にあるTシャツを必ず1枚処分します。こうすることで、本当に必要なものなのか熟考してから買うようになり、衝動買いが格段に減りました。

世の中には「なかなか物が捨てられない」と困っている人も多いですが、やはり大事なのは考え方を変えることです。

いちばんの敵は「もったいない」という意識でしょう。まだ使える物を捨てることに抵抗があるのはわかりますが、それはつまり、使わない物に家のスペースを占拠されているということでもあります。私は、そのほうがよほど「もったいない」と思います。

物に詰まった「思い出」も大敵です。不用品を処分しようと仕分けをしていたら、「あの時はこうだった」などと思い出がよみがえり、結局一つも処分できなかったなんて経験は誰にでもあるはずです。

しかし、考えてみてください。それも、それを見るまでよみがえることのなかった思い出だったのではないでしょうか。

言い換えれば、その思い出はなくても毎日の生活に何ら支障はなかったわけです。そうすると、それは本当に必要な物なのでしょうか。

これだけ情報があふれ、次々と新しい情報が入ってくる世の中で、古い物を見返している時間はほとんどありません。であれば、必要な物はおのずと限られてくるはずです。

振り込め詐欺や保険勧誘で泣く前に頑固親父から脱却しよう

振り込め詐欺のニュースがあとを絶ちません。「平成26年版　高齢社会白書」によれば、被害者の約8割は60歳以上だそうです。あらためて高齢者世代が、この犯罪のターゲットになっていることがわかります。

また、犯罪とは言えない部分もありますが、高齢者が保険や投資の勧誘にうっかり乗ってしまうケースも増えています。

勧誘する人間は言葉巧みです。時には、行列に並ばないと買えないような高級和菓子を手土産に訪れることもある。そんなことを何度もされているうちに、「じゃあ悪いから保険の一つでも入ろう」という気になってしまうのです。

私の知人の母親も単身で暮らしていましたが、知らない間にいくつもの保険に入れられ、月の払いが30万円を超えていたそうです。

幸い気づいた家族が急いで解約させ、大きな被害にはなりませんでしたが、彼女は今でもその外交員を信用し、好意を抱いているようです。

このような事件は毎日のようにニュースで取り上げられ、対策も取られているはずなのに、なぜ高齢者ばかりがだまされるのでしょうか。

私はそこに高齢者特有の〝過信〟があるのではないかと思っています。

高齢者は長年の知識や経験から、どんな状況にもある程度対応できると自信を持っています。もちろん、それらが実際に役立つ機会も多々あるわけですが、時にはマイナスに働いてしまうこともあります。

なぜなら、今までの経験則から予想し、「これはこうだろう」と一度思い込むと、そのイメージをなかなか変えることができないからです。

しかも、自分の考えに自信があるから他人の意見に耳を傾けない。ですから年寄りには頑固者が多いのです。

多くの人が年をとると最新機器の操作が苦手になりますが、これもある種の〝頑固さ〟ゆえではないでしょうか。

高齢者は、マニュアルなど見ずに今までの操作方法で感覚的にそれらを扱おうとしますが、最新機器には〝スイッチの長押し〟などという、昔にはない操作も取り入れられています。そうすると、今までの経験則が役に立たず、戸惑ってしまうのです。

いくつになっても、なるべく他人の言葉を受け入れることができる、柔軟な姿勢を保ち続けたいものです。

高齢者の自動車運転は要注意！早めの対策を

高齢者による運転事故が増えています。

警視庁によれば、13年に65歳以上のドライバーが事故を起こしたケースは全体の17・5％だったそうです。04年には10・5％でしたから約10年で7％増。実はここ数年、クルマやバイクの事故はずっと減少し続けていますから、その中での増加というのは、やはり目立ちます。

そのせいか、このところよく耳にするようになったのが運転免許証の〝自主返納〟です。これは文字どおり、「もうクルマやバイクは運転しない」と自主的に免許を返納することです。

98年に施行された制度だそうですが、なかなか浸透せず、ここ数年になってようやく返納する人が増えてきたようです。

そういえば私の父も60歳ぐらいで返納していたように記憶しています。

だから、というわけではありませんが基本的には私もこの制度には賛成です。

一部には、70歳以上は免許を持てないようにするなど「もっと規制を強めるべき」という声もあるようですが、それはさすがに乱暴でしょう。なぜなら、実際問題として、クルマがないと生活自体が成り立たない地域がたくさんあるからです。

例えば、「収穫した農作物を軽トラに乗せて自宅までちょっと運ぶ」という農家の人たちが80歳以上などというのは、日本中のいたるところで見られるケースです。そんな人たちの免許まで一律に取り上げるとなると、さすがに無理があると言わざるをえません。

ただし、ある程度の年齢になったら本当に免許を持つ資格があるのか、そのチェックは必要になるでしょう。

年齢とともに視力や反射神経は衰えていきますが、その衰え具合は人によってマチマチです。例えば、私もそろそろ返納したほうがよい年齢なのでしょうが、クルマの運転ができないほどの衰えはまったく感じません。

現在も、70歳以上は免許の更新時に検査や講習が必須になっていますが、免許の更新はゴールドで5年、違反などがあれば3年です。

年齢によっては、これでは少し長すぎるかもしれません。このあたりは考える余地があるでしょう。

自主返納を促すためにも、返納した人たちへのケアも大事になってきます。すでに免許証を返納した人には、その代わりになる身分証を発行し、それを提示すると電車やタクシーが割安で乗車できる、などのサービスを実施している地域もあるようです。この手の方策はもっと増えていくべきでしょう。

そもそもクルマに乗るという行為は、常に危険と隣り合わせです。どんなに自分が安全運転を心がけようと、それこそ高齢者の運転するクルマが向かいから突っ込んでくる場合もありますし、逆に自分が加害者になることもあるからです。

自主返納なんて自分には関係ない、などと思わず、この機会にクルマを運転することの意味をあらためて考えてほしいと思います。

理想の大人は存在しない背伸びせず自然体でいこう

自分のことを「いつまでたっても子供だ」と感じることは多いと思います。

若い時にイメージしていた中高年といえば、知識や経験が豊富で、何が起きても冷静に対処でき、周囲から頼られる……そんな存在だったはず。

ところが、実際に自分がその年齢に達してみると、あまりの違いに愕然としてしまうのです。

確かに、知識や経験が増えてはいますが、いくつになってもわからないことだらけで、何か突発的なことが起きれば余裕がなくなってしまいます。

とても自分を「頼れるやつ」だと言い切る自信もありません。

そして、「いい年してこんなことでいいのか」とか「こんなはずじゃなかった」と恥ずかしくなったり、自己嫌悪に陥ったりするわけです。

実は私もそんな一人です。ふだんはいっぱしの大人の振りをしていますが、精神構造は中2で止まったままですし、ダジャレも大好きです。

ただ、人の考え方というのは、私に限らず、中学生ぐらいからずっと変わらないのではないでしょうか。他人に迷惑をかけたり、ワガママだったり、〝悪い意味での子供〟でなければ、私はそれでいいと思っています。

思えば、子供の頃に見た大人は、あくまでも子供だった自分の目線から見た大人です。

子供からは大人に見えただけで、きっとあの大人たちも、今の私たちのように心根は子供だったのかもしれません。

大人を装って無理をしてもしかたありません。ありのままで生きるのがいちばん大事ではないでしょうか。

脳を刺激し記憶も正す「自叙伝」執筆はいいことずくめ

自分が生きていた証を世に残したい。そんな欲求は、誰もが持っているものでしょう。

自分という人間が何を考え、いつ・どこで・誰と・何をしてきたのか——そういった足跡を何らかの形で残し、できるだけ多くの人に知ってもらうことは、誰もが持つ、自己顕示欲を満たすことになるからです。

そして、その方法の一つに〝自叙伝を書くこと〟があります。平たく言えば、自分の伝記です。大新聞の朝刊などに「あなたも自叙伝を書きませんか?」なんて広告がよく載っていますから、ご覧になったことがある方も多いのではないでしょうか。

私の周りにも自叙伝を書いている知人がいますが、時間やお金に余裕があるのなら、私は大いにやるべきだと思います。なぜなら、メリットの一つに脳の活性化があるからです。

文章というのは、細部を曖昧にしたまま書くと何だかよくわからないものになってしまいがちです。

例えば、映画を観たあとに、知人にあらすじを説明しようとすると、頭では理解しているはずなのに、うまく説明できないことがあるでしょう?

それは脳がざっくりとストーリーを記憶して、わかったような気になっているだけだからです。

ところが、それを文章化するためには、何をどういう順序でどう説明するかという構成が必要になります。その時に自分がわかっていることと、わかっていないことが、はっきりするのです。

自叙伝を書こうとすると、過去の曖昧な部分をはっきりさせるため、さまざまな記憶の引き出しを開け、時に周囲に話を聞き(つまり取材ですね)、何がいつあったかなど、詳細な年号も調べる必要が出てきます。この作業が脳に刺激を与えるのです。

実は、自叙伝ではないのですが、今、私のイトコが弘兼家の家系図を作っています。

自分のルーツを知ることができ、加えて親族のつながりがシンプルに図式化されることで、自分と血縁者の関係がはっきりします。

登場人物はすでに200人を超え、意外な有名人が遠い親戚だったり、あの親戚がこの人とつながっていた、みたいな驚きがあったり、勝手な思い込みが修正されるのもメリットの一つです。

すでにこの世にはいない私の父は自叙伝を書いてくれませんでしたが、ふと父の戦争体験を読んでみたかったと思うことがあります。子供の頃に聞かせてもらった話は、かなり強烈に記憶に残っています。

そういった市井の視線の記録を後世に残すことも、また意味があると思うのです。

ただ自伝を製本化し他人に配るのはすすめません。大体の人がありがた迷惑と思っているからです（笑）。

目指すはかわいいおじいちゃん

時々、「かわいいおばあちゃん」に出会うことがあります。

見た目の話ではありません。話し方や表情やしぐさなど、その人の持つ雰囲気全体がなぜか「かわいい」と思わせるのです。

私は、年をとったら人から嫌われないことが大事だと思っていますが、かわいければ嫌われることも少なくなるはずです。

「そんなこと言われたって、いまさらかわいくなるなんて無理」「どちらかといえば無愛想で、元から人を寄せつけないタイプだから」と、あなたは言うかもしれません。

でも、男性の場合、年齢とともに女性ホルモンの分泌が増えていきます。「好々爺」と呼ばれるような物腰の柔らかいおじいちゃんがいるのは、そのせいではないでしょうか。

逆に、女性は男性ホルモンが増えるため、ヒゲの濃いおばあちゃんがいたりします。

子供の頃は性徴がないように、年をとると再び男女差がなくなっていきます。そんなこともありますから、私は誰にでもかわいい人になるチャンスは、あると思うのです。そのためには偉そうにしないことも大事です。たとえ、会社では有能で立派な実績を上げていたとしても、「だから俺を敬え」なんて態度を一般社会で取ったら間違いなく嫌われます。だからといって、何も媚を売ったり、卑屈になる必要はありません。そんなことをしても、誰もかわいいとは思わないどころか逆効果でしょう。

手っとり早くかわいさをモノにしたいなら周りにいるかわいい人を、観察してみることです。「自分はその人のどんなところをかわいいと思うのか」研究をするのです。お会いしたことはありませんが、私は〝おヒョイさん〟こと藤村俊二さんをとてもかわいい方だと思っています。ひょうひょうとして、おちゃめで捉えどころがなく、それでいて知的で上品で、独特の雰囲気ですよね。〝おヒョイさん〟を嫌いだという人はあまりいないのではないでしょうか。

今や「かわいい」は、海外のオタク女子を中心に「ありがとう」や「さよなら」と並ぶ国際的な言葉でもあります。私たちが目指すべきそれとは違いますが（笑）、あなたも彼女たちに「かわいい」と言われて悪い気はしないはずです。

適当に息を抜く「まあ、いいか」の精神で

以前、「自殺防止対策有識者懇談会」という政府の諮問機関で委員を務めたことがあります。

専門家だけでなく、いろいろな分野の人から幅広く意見を聞こうと、私にも声がかかったわけです。

その頃に配布されたデータを見て特に印象に残ったのは、女性より男性のほうがずいぶん自殺率が高いことでした。

内閣府が発表した「2015年版　自殺対策白書」の「自殺者の男女別構成比」を見てみると、男性は68・4％で女性の2倍以上（女性は31・6％）。「年齢階級別」を見ると、40代から60代の男性が自殺者数の4割を占めていることがわかります。つまり、40代以上の男性ほど自殺率が高くなるということです。

これはなぜなのでしょう。

その一つが「男は悩みを誰にも話さず、独りで抱える傾向にある」ことだと思います。

他人に弱みを見せるのが嫌なのか、話しても誰も手なんか貸してくれないとあきらめてしまうのか、とにかく、男は悩みを自分の力で解決しようとします。

以前、ある自殺防止の電話相談室の所長さんも、「かかってくる電話の99％は女性だ」と言っていました。とりあえず、誰でもいいから悩みを話すことができれば、男性もこれほどの自殺率にはならないのではないかと思うのです。

加えて女性は、いざ死のうと、ビルの屋上の端に立つと、恐怖で腰が引けてしまうと言います。

その一方で男性は、勇気があるというか実行力があるというか、初志貫徹でポーンと飛び降りてしまえる。だから男性の自殺者が多くなるという学者もいます。

しかし、ありきたりかもしれませんが、「死ぬことができるぐらいなら、逆に何でもできるだろう」と私は本当にそう思います。

よく、イジメなどで自殺してしまった子供やその家族にテレビのコメンテーターが、「自殺するぐらいなら学校に行くのをやめればよかった」などと言いますが、その考え方は大人にも当てはまるのではないでしょうか。

死ぬことを選択するぐらいなら悩みのもととなった会社も家族も捨て、どこか知らない街で一からやり直せばいい。別にあなたがいなくたって会社は潰れないし、家族は生きていけるのです。

ここでもやはり大事なのは「まあ、いいか」の精神ではないでしょうか。

決して周囲と比べず、現状をありのまま受け入れる。過酷な状況に抵抗しても〝得〟がほとんどないのなら、そこに労力を使うより、今できる中で何がベストかを考えたほうがよほど有益だと思います。

自らの衰えを意識しつつ老いとうまくつきあう喜びを見つける

まだまだ元気なつもりでも「寄る年波には勝てない」と思うことがあります。特にそれを実感するのは、食事の時。若い時に比べると、たくさん食べられなくなりました。

以前、小学館の企画で「釣りバカ日誌」の原作者のやまさき十三先生、作画の北見けんいち先生と鼎談をしたことがあります。

ところが、そのあとで行った焼き肉屋のコース料理を誰も最後まで食べきることができなかったのです。3人とも年のせいで、すっかり食が細くなっているわけです。

ちなみに、最初に「もう食べられない」とサジを投げたのは、その時74歳のやまさき十三先生でした。そして、次が75歳の北見けんいち先生、最後が68歳になったばかりの私。多少の誤差はありましたが、ほぼ年齢の順に食べられないという結果になったわけです。もちろん、肉を残すのはもったいないので、3人とも同席していた若手編集者に食べてもらうことにしました。

十数年前には、そんなことになるとはみじんも思いませんでした。

それは藤子不二雄Ⓐ先生を含めた数人と中華料理店へ行った時のことです。

藤子先生は中華料理には苦手なものが多いとのことで、タケノコ以外はほとんど召し上がらず、隣にいた私に「僕の分はあげるから、その代わりキミのタケノコをくれないか」と言うのです。当時まだ食欲旺盛だった私は、喜んでタケノコをフカヒレやアワビなどの高級料理と交換させてもらいました。

もし、これを食欲旺盛な若者が読んでいるなら、食事はぜひ食の細くなった先輩と一緒にするといいでしょう。特に高級料理の時は、思わぬごちそうにありつけるかもしれません。

それ以外に「目がショボショボするようになった」というのも、60を超えてからの私の悩みです。

以前は12時間ぐらいぶっ続けで漫画を描いても何ともありませんでしたが、最近はせいぜい8時間がいいところでしょうか。

ご存じのように漫画家というのは、机の上で漫画を長時間ずっと描き続ける仕事です。その間、見る対象との距離はほぼ変わりません。

するど、例えば「今何時だろう」と、ふと壁の時計に視線を移すと焦点がなかなか合わず、時計が読めるまでにかなりの時間がかかったりします。ですので、仕事中もテレビをつけておいて時々そちらに視線を移すことで対処していますが、これも寄る年波には勝てないと思うことです。

しかし最近は、こんな老化現象も楽しめるように、「いちばん早く思い出した人にはビール1杯！」などとゲーム化するようにしています。

必死に思い出そうとするだけで脳も活性化するでしょうし、何よりけっこう盛り上がります。「寄る年波には勝てない」などと悲観してもしかたありませんから、皆さんもぜひやってみてはいかがでしょう。

「上流」「下流」の言葉に惑わされず自分なりの価値観で老後を楽しもう

2015年の新語・流行語大賞に「下流老人」がノミネートされました。

ご存じの方も多いでしょうが、きっかけは『下流老人　一億総老後崩壊の衝撃』（朝日新書）という本が発売されたことです。

未読の方のために簡単に説明しておくと、今後、高齢者層の貧困化はますます進み、今は普通に生活ができている年収400万円の人でも、貧困層に転落する可能性がある、と警鐘を鳴らす内容です。

この本で指摘されているように、支給される年金だけで定年後の生活を乗り切れる人は、ほとんどいないでしょう。そうなると、多くの人が生活費の不足分を、働くか貯金を切り崩すことで補うことになります。

しかし、退職金も満足にもらえない現在、貯金が十分にある人も少ないでしょう。ある程度あったとしても、もし病気になれば、その医療費で蓄えが少なくなってしまうおそれもあります。病気のリスクは高齢になるほど高まるわけですから。

そういったことで、何か一つ歯車が狂ってしまえば、誰でも貧困層になる可能性はあると思います。ただ一方で、もしこの「下流老人」という言葉だけが独り歩きしているとすれば、それは考えものだとも思います。誰かの生活と比較して「自分は下流だ」と思ってしまうことは、決して人生を豊かにしないからです。「下流」というのは、当然ですが「中流」や「上流」に比べての「下流」です。

しかし、「下流」の中にもさらに上・中・下はあるわけで、その下流と比べた場合、「下流」は「上流」になります。要するに、「上流」「下流」などというものは、単に「どこと比較するか」という話でしかないのです。

極端な話、毎日カップラーメンしか食べられないような貧困生活をしていたとしても、餓死するような生活を強いられる国の国民と比べれば、その生活は「上流」とも言えるわけです。「幸せの尺度」は他人との比較ではなく、自分の中に作るものです。

いろいろな言葉や情報に惑わされることなく、自分なりの価値観で無理なく老後を送れているのなら、あなたは「下流老人」ではありませんのでご心配なく。

気ままな一人暮らしも悪くない

一人暮らしの高齢者が増えています。

内閣府が発表した「平成26年版　高齢社会白書」によれば、現在一人暮らしの高齢者は全国で約600万人。この数は今後も増えていき、30年には約730万人にもなると予想されています。

そんな人の中には「寂しい」「心細い」と思いながら、やむをえず一人暮らしをしている人も大勢いることでしょう。

しかし、考え方しだいで一人暮らしにも、メリットは多々あると思います。

その最大のメリットが〝自由気まま〟なことでしょう。

一人暮らしなら仕事終わりで飲みに行き、いくらお金を使おうが、何時に帰ろうが、誰にも気がねする必要がありません。休日にゴロゴロしながらテレビを観ても、文句を言われることもない。

一事が万事そんなふうですから、家でのストレスは既婚者に比べてほとんどないと言ってもいいでしょう。家庭内でのさまざまな「面倒くささ」や「わずらわしさ」から解放され、毎日をリラックスして過ごせるという環境は、一人暮らしでなければ、なかなか手に入れられません。

もちろん、一人暮らしの場合、逆に病気になったりすれば、誰にも看病してもらえないというリスクはあります。

また、家に話し相手がいないため、話す時間も減りますから、ボケる確率も高くなるかもしれません。さらに細かく言えば、重い荷物を運んだりなど、一人ならではの苦労や不便なことはたくさんあります。

こうしたデメリットやリスクを解消するには、「仲のよい人と近所に住む」という方法があると思います。

相手は同性でも異性でもかまいません。友人が近所に住んでいれば、気が向いた時に「今日は一緒に鍋でもつつくか」と、気軽に互いに家を行き来することができます。つまり、一人暮らしの気ままさを失うことなく、誰かと暮らす楽しさも手に入れられるわけで、まさに両者の〝いいとこ取り〟になるのです。

あなたにとって独居が老後の生活に最適かどうかはわかりません。何を理想とするかは、その人の性格によるからです。

ただ、今後も確実に独居の高齢者が増えていく中で、こういったポジティブな姿勢で状況を楽しむ心がけも必要だと思うのです。

・

第4章

目指すはかっこいい新老人！

金銭問題が絡んでくる高齢者の恋愛はハードルが高い

最近は高齢者向けの婚活パーティが盛況のようです。

ある結婚相談所によると、ここ数年で高齢者の入会が急増し、60代以上の会員が約6割を占めるようになったそうです。

いくつになっても恋愛をすることは悪いことではありません。恋するときめきはあなたを若々しくさせ、生活に張りを与えてくれるでしょう。

しかし、高齢者の恋愛はなかなか難しいのが現実です。

その理由は、高齢者の恋愛には金銭の問題が絡んでくるからです。

想像してみてください。あなたに、独り身の父親がいるとします。そこへある日、父親が「新しい恋人だ」と言って、見たこともない女性を連れてきます。

最初は楽しそうな父親の姿を見てほほえましく見守っていたあなたも、ふとあることに気づきます。もし結婚ということになれば父親の財産の半分はその女性のものになるということを。

「それでもかまわない」という寛容な人なら問題ありませんが、自分の遺産の相続分が減るのですから、多くの場合はややこしい話になります。すると、その女性はもはや〝財産目当ての悪女〟にしか見えなくなってしまうのです。

このような事態を回避するためには、彼女の合意のもとに「この女性に財産分与は一切しない」という旨を弁護士立ち会いのもと文書化し、それを家族に渡しておくという手段があります。

そうすれば、家族の立場からは安心して女性を迎えることができるでしょう。

この方法はまた、相手の真意を確かめる手段にもなります。

もし、渋るようなら財産目当ての可能性が高いですから、即刻別れたほうが身のためです。面倒な手続きではありますが、高齢者の恋愛にはここまでの覚悟が必須ではないでしょうか。

さらに、高齢者の恋愛を難しくさせる要因には〝嫉妬〟もあります。老人ホームを取材すると、恋愛が原因で刃傷ざたが起きることも珍しくないといいます。

彼らが嫉妬深くなるのには、いくつか原因がありますが、一つには〝執着心の強さ〟があるようです。

若い時ならたとえ恋に破れても「仕事を頑張ろう」「次の人を探そう」と気持ちを変えることもできます。ところが、老人ホームという狭い世界で生活していると、他に考えることも少なくなるので視野も狭くなりがちです。

しかも、高齢者は残された時間も長くありませんから、「お前が俺にとって最後の女」などと思い込んでしまう。そうすると、「さっきまで俺と楽しそうに話していたのに、もう他のジジイと仲よくしやがって！」などという信じられない理由で殺意を抱いてしまう可能性があるのです。

これから高齢者向けの婚活パーティはさらに増えていくはずです。

しかし、残念ですが、以上の問題から高齢になると普通の恋愛は難しい。それらの事情を理解した上で、周囲に見守ってもらえる恋愛を心がけることが必要です。

加齢による性欲減退は自然のこと 慣れやマンネリが原因

年齢とともに性欲が衰えたと感じる男性は多いと思います。「勃ちが悪い」「行為の途中で萎えてしまう」「そもそも女性を抱く気がしなくなってしまった」といったことで悩んでいるという人も少なくないでしょう。

確かに、年をとれば性欲は減退していきます。「まだまだ元気だ」と言っている人も表向きの虚勢であって、実際のところは違う場合が多い。

男は変なところに見栄を張る動物で、精力もその一つです。社会的地位、財力、学歴などの他にこれまでに経験した女性の数、男性自身のサイズ、硬度、持続力などを自慢する人も少なくありません。

女性は閉経すると、「女としての役割が終わってしまった」と寂しく感じる人が多いようですが、男性も同じで「勃たなくなる＝男として終わってしまうのではないか」という不安から、これを受け入れられない人もいるようです。

しかし、異性に対する意欲の低下と老いは、私はあまり関係ないと思っています。その証拠に「もうアッチのほうは全然ダメでね」などと言いながら、以前よりもバリバリと仕事をこなしている人を、私はたくさん知っています。異性に時間を使わなくなった分、エネルギーを仕事に回せるのかもしれません。

勃ちの悪さが気になるなら、最近はＥＤ治療薬もあるのですから、何も深刻に悩む必要はありません。薬に頼ることは恥ずかしいことでも何でもないのです。

若い時はセックスという行為は「非日常」でした。お金はないし、女性との接し方や口説き方もわからない。ですから、セックスにたどりつくまでに多くの時間と労力を必要とします。

しかし、それなりの経験を積んだら、セックスはそれほど目新しいものではなくなります。セックスなんて、たとえ相手が代わっても大した違いはないことに気づく。つまり、マンネリを感じているのではないでしょうか。

マンネリなら興味が薄れるのは当然です。

となれば「衰えた」と言って焦ったり、寂しく感じる必要もない。性欲に振り回されるわずらわしさから解放された、という考え方だってあると思うのです。

挿入して射精するだけではない老活世代のセックス事情

「もうセックスなんてどうでもいい」——年齢とともにそんなふうに感じることも増えてくるのではないでしょうか。

確かに、実際にセックスをする機会も減ってくるし、そもそも「したい」という欲求も湧いてこない。気づけばマスターベーションですら、もうずいぶんやってなかったり。

そんな時、「俺も老けたせいか、すっかり性への興味が薄れてしまったな」と思ったりするわけです。

でも、本当にそうでしょうか。

仮にグラビアアイドルのような女性が目の前にいて、「セックスはさせないけど、私の裸体は好きなだけ見ていい」と言ったとします。そこにはあなたとその女性しかいません。そんな状況で、あなたはその申し出を拒否するでしょうか。もし拒否しないのであれば、性に対する興味が薄れていない証拠です。

セックスの機能においては、女性よりもたいてい男性のほうが先に衰えます。勃起しても若い時のように硬くなりませんし、挿入している最中に突然元気がなくなることもある。体力だって衰えていますからセックスそのものが面倒になってきます。

そうすると、たとえセックスの機会が訪れても、「俺はいいよ」と気持ちが引いてしまいます。つまり、セックスの能力が低下すると同時に、自信も喪失し、やる気もうせてしまっているのです。

しかし性に対する興味というのは、知的好奇心の一種ですから、年をとったからといってそう簡単になくならないものだと私は思います。

私も大人の恋愛をテーマにした漫画『黄昏流星群』を描いている以上、そこに興味がなくなったら描き続けることはできません。

女性と手をつないだり、食事に行ったり、添い寝をすることも広い意味のセックスではないでしょうか。自分勝手に老け込んだと思って「セックスなんてもうどうでもいいや」などとあきらめず、ぜひそんな機会を増やしてください。別に挿入して射精することだけがセックスではありません。

ただし、その気になれば性器がまる見えのエッチ動画がネットで見られてしまう現代は、リアルなセックスへの興味を薄める傾向があると感じています。若い人にとっては面倒なセックスより楽しいエンターテインメントが増えすぎてしまったことが問題になっています。

昔はよかった、とはあまり言いたくありませんが、私の学生時代のエッチ画像といえば、同級生が父親の引き出しをあさって持ち出してきた、ワイセツ写真が関の山でした。

しかも、オリジナルの写真をさらにカメラで撮って複製したようなモノクロ写真ですから、何がどうなっているのかよくわかりません。そんなものでも、見せられた私たちは「おお〜！」とどよめいたものです。

その後、ジャンケン大会が始まり、最後まで勝ち残ったヤツがその日の〝おかず〟にお持ち帰りを許されたのです。

そう考えると、どちらが豊かな時代だったのか。老いてなお、悩める問題は山積みのままです（笑）。

同窓会でやけぼっくいに火がつく!?

私が卒業した学校では年に一度、同窓会が開かれます。年に一度というとペースが早いと思われるかもしれませんが、私が通っていたのは中高一貫の山口県の私立学校です。

6年間も顔ぶれが変わらないうえに、一学年60人程度と生徒数が少ないから自然と結び付きが強くなる。何しろお互いに当時の相手の家族構成から実家の所在地まで何でも知っているのです。

さらに、その同窓会には同学年だけでなく、下は30代まで幅広い年齢の東京在住の卒業生が集まってきます。ですから、参加人数はいつも200人を超えます。

毎年ではありませんが、私も時間を作って、なるべく参加するようにしています。

昔の仲間と話すのは、単に懐かしく楽しいだけでなく、励みにもなるからです。

高校を卒業したあとの人生は人それぞれです。

日本でトップクラスの企業の会長になった男がいれば、家業を継ぎ、田舎の小さな工場でコツコツと働き続けている男もいます。

学生時代はほぼ横並びだったのに、いつの間にか大きな差がついていることを嫌でも実感させられるのが同窓会でもあります。

嫉妬という激しい感情まではいかなくても、若い頃には「うらやましい」と思っていた人もいたことでしょう。悔しさや情けなさで、時間的には参加できたのに来なかったという人もいたかもしれません。

しかし60を超え、70に手が届く年齢になると、不思議とまた人間関係は、昔のようなフラットなものに戻っていきます。

幸せは仕事の成功や年収だけで決まるわけではありません。仕事では成功したものの、家庭作りには失敗してしまった男がいたりします。

その一方では、例えばつましい生活をしながらも円満な家庭を築くことができた男もいます。

大企業の重役クラスも、自分よりゴルフが上手な町工場の同級生に教えを請うています。

肩書は関係ありません。年をとるということは、さまざまな価値観を受け入れられるようになることでもあるのです。

そういえば以前、私が連載している漫画『黄昏流星群』（単行本17巻「星がりません勝つまでは」参照）で、元外交官と元大工の棟梁の話を描いたことがあります。

2人は小学校の同級生です。棟梁は子供の頃から体が大きくて、ガキ大将。外交官は勉強はできるけどひ弱で、子供の頃からいつも殴られて泣かされていました。そんな2人が年を取り、同じ老人ホームに入居し1人のおばあさんを奪い合う恋敵になります。

子供の頃は負けてばかりでしたが、「地位も名誉もあって、体もあいつより一回り大きくなった今なら！」と外交官は棟梁に挑みますが、やはり完膚なきまでに叩きのめされてしまい、「小学校の時から何も変わってないじゃないか！」と川に向かって泣くのです。

いくら偉くなって一時は社会的に逆転していても、年をとれば子供の頃の上下関係はまた元に戻ったというストーリーです。

同窓会で〝焼けぼっくいに火がつく〟ということも少なからずあるようです。

いわゆる同窓会不倫です。

そこで「昔、キミのこと好きだったんだよ」と告白すると「あら、そうなの？　もっと早く言ってくれればよかったのに」などと盛り上がる。

相手もおばあちゃんですから、多少のことでは動じません。うまくいけば昔は高嶺の花だった女性と2人だけで飲みに行く、あるいはそれ以上なんて展開もあるようです。

もし、面倒だからと同窓会に行ってない人がいれば、たまには顔を出してみたらいかがでしょう。若い時よりも確実にフラットに楽しめる場になっているはずです。

気軽に話せる友人が5人いればいい

年をとるごとに「孤独を感じる」という人がいるかもしれません。

でも、年をとって孤独になることは、ある意味で当然のことだと思います。

特に定年を迎えれば外出する機会はグッと減ります。それに伴って家族やご近所さん以外の人と会うことも少なくなる。サラリーマン時代には毎日顔を合わせていた仲間とも疎遠になっていきます。そうこうしているうちに、○○が亡くなったなどという連絡が入るようになる。年をとるということは、そもそも孤独に近づいていくことでもあるのです。

ただ、ものは考えようです。私はそのことを孤独だとか寂しいとか、あまりネガティブに考えることはありません。

友人や知人が少なくなるということは、それだけ面倒なつきあいが減ることでもあります。

つきあいが減れば、当然、それにかかる出費も減る。「こんなものを出すのに何の意味があるんだ？」と文句を言いながら書いていた年賀状も数枚で済むようになります。同世代の知人が多ければ、葬儀に出る回数が増え、香典代だってバカになりません。

このように友人や知人が減ることは、一方で数々のメリットも生むのです。つまり、これは、孤独になったのではないのです。生活範囲を年齢にふさわしいサイズに縮小したということです。

別に人づきあいをやめなさいと言っているわけではありません。自然にそうなっていくのですから、逆らう必要はないと思っているのです。

大人になると新しい友人なんてものはそう簡単にできません。特に親友と呼べるような人となれば、至難のワザでしょう。

大人は、子供のように損得勘定抜きで、無邪気に人とつきあうことはなかなかできません。今、会社や仕事先に仲がいい人がいたとしても、それはやはり友人ではなく、仕事仲間です。定年になれば、会う機会も減り、疎遠になっていきます。

「お互い暇になるんだから飲みに行こうぜ」なんて約束をしていても、不思議と予定は合いません。暇になってもそれぞれに生活があり、事情があるのです。友人が減り、新しい友人ができないのは、何もあなただけではありません。

職業にもよるでしょうが、高齢になって親しい友人は、個人的には5人もいれば十分だと思っています。

私の言う親しい友人とは、何でも気軽に電話で話せるような相手です。

年齢とともに外で直接会って話す機会は減ってきます。親しいと言っても、会えるのは年に1度か2度、そんな程度でしょう。ですから、私たち世代の親友とは、気軽に電話ができる仲だと思うのです。そんな人は、5人もいれば何も不自由はありません。

確かに、人生の拡大期には人脈が仕事につながったり、友人の多さが有利に働く場面がたくさんあります。

しかし、60を過ぎれば人生は縮小期です。となれば、つきあう友人は少しずつ減らしていくべきだと思うのです。

シニアの身だしなみは清潔感第一

年をとると身だしなみに気を遣わなくなる人が増えてきます。

特にふだん着などは、オシャレであることより〝着ていて楽なこと〟が優先されがちです。しかも、「いまさら見た目でモテたって……」という意識もありますから、我慢して窮屈な服を着たい、とも思いません。そうなると、新しい服を買おうという意欲も少しずつ薄れていきます。

しかし、心の底から「それでいい」と思っている人は案外少ないのではないでしょうか。

誰だってオシャレでいたいし、いつまでも若々しくありたい。「あの人はいつもカッコいいね」などと周囲からひそかにささやかれていたら、うれしくありませんか？

年齢や性別にかかわらず、誰にでもそんな気持ちはあるはずです。

高齢者にとってのいちばんのオシャレは〝清潔感を保つこと〟です。加齢臭やフケにも気をつけなければなりません。いくらオシャレな服を着ても肩にフケが積もっていたら、それだけで台なしですから。

清潔感が大事といっても、洗いたての服ならよい、という話ではありません。着心地がよいからと同じ服ばかり着ていたら、やはり生地はくたびれてきますし、色もくすんできて、不潔な印象を与えます。それを防ぐには、やはりこまめに服を新調することが必要です。

今は、ユニクロのような安価でオシャレな服がたくさん売られていますから、経済的に許されるかぎり、服はどんどん新調するべきです。そして、古くなった服はどんどん処分していく。

私たちの世代はまだ着られる服を処分することに罪悪感がありますが、「もう60を過ぎたら倹約はいいじゃないか」というのが私の考えです。

計算してみてください。私は今68歳ですが、日本人男性の平均寿命を考えれば、あと12年しか生きられません。

ということは、1年に1着ずつ買ったとすれば12着しか着られないのです。

それは靴や下着といったものも同じです。まだはける靴下や下着を捨てるのはもったいないと思いがちですが、ゴムがユルユルになったものを、いつまでもはいていることはないのです。どんどん買い替えましょう。

服のコーディネートに自信がなければ、お店のマネキンを指さして「これが着てるものを上から下まで全部ください」と言う手もあります。お金はかかりますが、絶対に失敗しません。

さらに店員さんが「これじゃなくて、こちらのほうがお客様にはお似合いだと思います」などと一部アイテムを変更し、客に合わせてアレンジしてくれることもあります。プロに任せれば、大きな間違いはありません。

せっかく新しい服を買うなら、思い切って原色に挑戦してみるのもいいでしょう。

派手な服というのは若い時にはダサかったり、軽薄そうに見えたりもしますが、シニアは存在感それ自体が渋くなっていますから、原色を着るぐらいがちょうどいいかもしれません。むしろ、黒や茶を着ると風景に溶け込んで見えなくなってしまいます。逆に年をとったからこそ、ここで冒険してみるのも悪くないはずです。高齢者ならではのオシャレを楽しみましょう！

時には外食でぜいたくを

年をとったら、時にはぜいたくに外食をすることがあってもいいと思います。オシャレをして、少し高級なレストランへ行き、食事とともにワインを楽しむ。

ただ、私はレストランで高価すぎるワインを飲むことほどムダなことはないと思っています。

おいしい店なら料理に意識が行ってしまいますし、友人との会話が楽しければ、やはりそちらに気を取られてしまう。

ワイン好きが集まる場であれば、高級ワインを評価しながら会話が弾みますが、そうでなければ、あまりワインにお金をかけても意味がないのです。

高級レストランでも1本1万円ぐらいが上限ではないかと思います。

よく「おいしい料理には高価なワインを」と言う人もいますが、個人的にはそうは思いません。

むしろ、高価なワインには、ワインに集中するためのパンとチーズがあればいい。パンは舌を元に戻してくれますし、チーズはワインをまろやかにしてくれる。あとはオリーブやサラミあたりがあれば十分です。

4人ぐらいで食事に行き、高価なワインを注文すると、4人分の料理の合計値段より1本のワインのほうが高くなってしまうケースもあります。

料理よりワインのほうが高いなんて本末転倒ではないでしょうか。

例えば1人1万円の料理なら、ワインは1人5000円ぐらい。私は料理の半分の値段をワインの目安にしています。

高価な外食となると、なかなか手を出しづらいものですが、そんな時は何か別のものに置き換えてみるといいかもしれません。

例えば、消しゴム1個に1000円は高いですが、それがランチ代なら、まぁ妥当です。うな重5000円も高いですが、タクシー代と考えれば普通でしょう。

そんなふうに置き換えると、不思議と「まあ、いいか」と思えるのです。

定年後はカルチャーセンターへ

現代は定年後も働かなければならない時代ですが、それでも定年前よりも時間的な余裕ができるはずです。

そんな時間をボーッと過ごすのも決して悪くはありませんが、やはり何か趣味のようなものを持っていたほうがいいでしょう。

人に会い、話し、新しい知識に触れ、体を動かすことは、ボケや老化を防止してくれるからです。

すでに趣味を持っている方はそれを続ければよいのですが、何もないという方はカルチャーセンターに通ってみるのもいいと思います。

最近では、民間企業だけでなく、自治体が運営しているものもあり、無料あるいは、さほど高くない金額で気軽に始められるものも増えているようです。

私の父親も70歳を超えたぐらいの時に、カルチャーセンターに通い始めました。そして、なぜか能面を彫り始めた。しかも、そこで知り合った若い女性と、いつの間にか年賀状のやり取りまでしていたのです。

私の母親は大変なヤキモチ焼きでしたから、年賀状が発見された時には騒動にもなりました。それぐらいいいではないかと笑ってしまいましたが、恐らく父親は楽しかったことでしょう。

最寄りに大学があれば、公開講座を開いている場合もあるので行ってみるといいでしょう。

公開講座とは、その大学に在籍している学生以外に向けた授業のことです。私も時々、母校の早稲田大学で教壇に立つことがありますが、60代、70代の方も多く集まってくれます。

若い人に向けて話すのも楽しいですが、同世代に向けて懐かしい話をするのも私にとってはとても楽しい時間です。

私の講座は、授業と呼ぶほど堅苦しいものではありませんので、気軽に参加してくれるようです。

他の公開講座では、もっと専門的なことを教えているものもあります。そこで熱心に勉強されている高齢者の方も少なくないようです。

大学で習うような知識が、高齢になってから役立つ機会は、はっきり言ってほとんどないでしょう。

ただ、老いの兆候は「物事に感動しなくなる」ことと「計画が立てられなくなる」ことの二つに顕著に表れます。公開講座に行き、新しい知識に触れた時に「へぇ〜」とか「そうなんだ！」という感動が得られる、それだけで十分です。それがなければ、すでに老化の兆しが出ているのかもしれません。

年をとると、今日はいったい何をするべきか、わからなくなってきます。

これが「計画が立てられなくなる」兆候です。

朝起きても、しばらくエンジンがかからず、頭がボーッとして何も浮かばない。そうなると仕事場に行っても「あれ、今日は何をすればいいんだっけ？」などと思うことが増えてきます。これではスムーズに仕事に取りかかれず、周囲より一歩も二歩も出遅れてしまいます。

ここで言う計画を立てるということは、やるべきこと、やらなくてもいいことを区別し、やるべきことはどんな順番で進めればいいのか、段取りを決めることです。

当たり前のように聞こえるかもしれませんが、脳が衰えると、こういったことも簡単にできなくなってくるのです。能面を彫ったり、料理を作ったりすることも段取りを決めずにできることではありません。勉強も効率よくするためには段取りが必要でしょう。

つまり、趣味を楽しむことは、知らず知らずのうちに脳を鍛えていることでもあるのです。定年後の趣味はそういったことを意識しながら取り組むべきでしょう。

カルチャーセンターや公開講座に参加し、知らない人と話すのも大事なことです。若い時は人の意見でも「ああ、そうなのか」「そういう考え方もあるんだ」と柔軟に取り入れることができますが、年をとると誰もがそれぞれに生き、自己完結してしまいがちですから、「その考え方は違う」などと拒否するようになってしまいます。

でも、自分が今まで生きてきた人生なんて、他人から見れば大したものじゃありませんから。自己完結にも気をつけましょう。

夜の女性にモテるのは金払いより会話力

毎日の晩酌を欠かさないぐらい、私はお酒が好きです。

以前はよくスナックやクラブのようなところにも行っていました。大きく分けると20代、30代の頃はスナックに、40代50代になってからはクラブに行っていたという感じでしょうか。そして60代になってからは、もっぱら家で晩酌になりました。

スナックとクラブ、どちらが好きだったかと聞かれれば、強いて言うならスナックだったかもしれません。単純な話、女性は横に座っているより、カウンター越しの対面にいてくれたほうが話しやすいのです。

この手の話をすると、「夜の女性にモテるには？」という質問をされることも多々ありますが、その答えは簡単で、やはり会話がおもしろい人はよくモテます。

そういう人は自慢話を延々としたり、「店が終わったら焼き肉に行こう」などとしつこくアフターに誘ったりもしません。ギラギラとした目つきで、女の子の体にベタベタと触れたりすることもない。

特にスナックなどは経営者でもないかぎり、3万円使う客だろうが、5000円しか使わない客だろうが、女の子にはどちらでもいい話です。ですから、楽しい話をする客のところには、自然と女の子が集まる。彼女たちに「このお客さんが来ると楽しいわ」と思ってもらうことが大事なのです。

もちろん、あちらも商売ですから、お金をたくさん使ってくれる人はチヤホヤされます。ですが、そういう人が必ずしもモテるとは限りません。

例えば銀座のクラブなどでは、若い客が高級ワインなどをジャンジャン注文していると、支払いの段になって、通常ではありえないような金額の請求をされてしまうことがあります。

若くして銀座などでハメを外して遊んでいると、周囲から〝成り上がり者〟と見られ、あまりいい顔をされないことがあるのです。

ありえない値段を請求されるのは、店側からの「二度と来るな」というメッセージ。大人の社交場で遊ぶための、ちょっとした洗礼のようなものかもしれません。

高齢者もネット&宅配サービスを活用しよう

私たちの世代にはネットショッピングをやらない、という人が意外と多くいます。「買い方がわからない」「クレジットカードの番号を入力するのが怖い」「実物を見ないと買えない」といったあたりが主な理由のようです。

そもそもネットショッピングを信用していない、という人もいます。他にも、ちゃんと注文したはずなのに商品が届かない、といったトラブルに巻き込まれた経験のある人も少なからずいるようです。

しかし、これからは今以上にネットショッピングや宅配サービスに頼らざるをえない時代になっていきます。「わからない」とか「必要ない」なんて言わず、今のうちに使いこなせるようになっておくべきでしょう。

その背景には、地方での人口の減少があります。

過疎の町や村では、今後ますます買い物が困難になっていきます。「食材や日用品は週に一度クルマでまとめ買いに行くから大丈夫」なんて言っていても、店がなくなってしまえば、買い物はできません。

人口が減り、客が少なくなってしまえば経営自体が成り立ちませんから、いつまでも店があるという保証はないのです。

クルマでの買い出しも年齢とともにキツくなっていきますし、重い荷物を持つのも一苦労です。つまり、ネットショッピングや宅配サービスの恩恵にあずかれるのは、高齢者世代なのです。

そのサービスをさらに利便にする鍵が、最近よく聞くようになった〝ドローン〟の存在です。

日本では、首相官邸に墜落させた男がいたことで注目を集めてしまったため、やれ「テロに使われるのではないか」とか、「盗撮の道具になる」とマイナス面ばかりが強調されていますが、荷物の運搬能力はかなり高いようです。

エンジンや機体の性能にもよりますので、一概には言えませんが、現在でも10キロぐらいの荷物を運べるドローンがありますし、将来的には人の運搬に用いることも考えられています。

ちなみに、トラックの積載量は車体の重さ（自重）のせいぜい1・5倍といったところですが、ドローンは自重をはるかに超える重さの荷物を運ぶことができます。山のふもとまではトラックで運び、山の上にポツンと建つ一軒家まではドローンで運ぶといった使い方もできるでしょう。

街中での墜落事故などを心配する声もありますが、田畑などが多く、人口が少ない過疎の土地なら、その問題《リスク》も都会よりずっと小さくて済みます。

特に墜落しても下に建物がなく、人がいる可能性も低い河川の上は、ドローンの通り道として最適だと考えられています。これが、ドローンが地方再生の鍵だ、と言われるゆえんでもあります。

今後、日本でもドローンの活躍の場は急速に広がっていくはずです。どの家庭の庭やベランダにもドローンの着陸場があり、そこで荷物を受け取る。そんな時代はそう遠くないでしょう。もちろん、その前にきちんとした法整備は必要になりますが。

料理をすることでボケ防止になる

年をとった男性は、何はなくとも料理ができるようになるべきだと私は思っています。

老後の生活にはいつ何が起こるかわかりません。奥さんが脳卒中などの病気で倒れ、寝たきりになってしまう場合もある。

それでもお金に余裕があれば、入院させ、看護師さんに食事の世話からすべて任せることもできます。自分の食事だけなら外食でもいいし、弁当を買ってもいい。どうにでもなるでしょう。

しかし、自宅での介護となれば、そうはいきません。

今まで奥さんがしていた家事は全て旦那の仕事で、食事の支度も例外ではありません。ですから、いつ何があっても困らないように、料理はできるようになっておくべきだと思うのです。

私が人に料理を勧める時は、必ず買い物からするようにと言っています。スーパーへ行き、食材を買って帰ってくることは、軽い運動にもなるからです。

1日の中に、特に体を動かす時間を設けていない私が唯一続けていることが、この食材の買い出しです。私の職場はアシスタントが数人いて、それぞれが持ち回りで食事の用意をすることになっているのですが、その食材を買ってくるのが私の役目です。もう何十年も続けている習慣です。

スーパーに行くことは運動になるだけではありません。さまざまな情報に触れる機会にもなります。

今、ほうれん草や小松菜などの野菜がどのぐらいの値段で売られているか。そんなことを知るだけでも単純に「へぇ〜」という新鮮な驚きがあります。

食材の値段は旬が近づくにつれて下がっていきますから、今どんなものが旬なのかも知ることができる。気候などの影響で収穫量が減ったというニュースがあれば、本当に値段は上がります。あまりスーパーになじみがない人ほど、新しい発見があるはずです。

また献立を考えることはボケ防止にもなります。

買ってきた食材を袋から出したら、さて何を作ろうかと考えます。

「お、そういえば安売りの豆腐を買ったんだ。じゃあ麻婆豆腐でも作ろうか、いや、面倒だから冷奴でいいか。いやいや、やっぱり余っているネギと一緒に味噌汁の具にするか、寒いから湯豆腐もいいな」

食材をどんな料理に変化させるかは自分の想像力しだい。これは頭の体操になります。もちろん、私はこの道数十年の買い出しのプロですから（笑）、食材を買う際にどんな料理にしようか、すでに頭の中で決めています。さらにアシスタントの料理の腕前も一律ではありませんから、それに合わせて献立も変えていくことになります。

例えば、その日の当番が料理の苦手なC君なら、「簡単に作れるカレーや焼きそばにしよう」とか、料理上手のA君なら「ちょっとした小技がいるオムレツにしよう」とか、今日買った食材と買い置きしてある食材、さらに料理人の腕を考慮しつつ、献立をひねり出すのです。まるで毎日パズルをやっているようなもの。

恐らく、スーパーで私を見かけたら、その必死な形相に驚くことでしょう。顎に手のひらを当て、眉間にシワを寄せ、うーんとうなっている自分に気づくことも珍しくありません。

料理初心者の方は、簡単な酒のつまみなどを作るところから始めてみてください。「よーし、料理をするぞ」なんて意気込む必要はありません。

最初はマグロの柵を買ってきて、好みの厚さに切り、刺身にするだけでも結構です。大事なのは、スーパーへ行き、食材を買い、包丁を握ること。レパートリーは少しずつ増やしていけばいいのです。

レパートリーを増やすには、レシピ本を見たり、料理番組を観たりする方法もありますが、私は料理人から直接聞くようにしています。

料理人の料理姿を見ることができる店に行くと、なるべくカウンター席に座り、料理人の動きを見るようにしています。

そして、疑問があれば質問し、家に帰って試してみます。プロの料理人には勝てませんが、それなりの味が再現できた時はやはりうれしいものです。

料理をするのは面倒でも、おいしい物を食べるのが嫌いだという人はほとんどいないはずです。お店に行ったついでにプロから料理のコツを教われば、料理への興味がグンと高まるのではないでしょうか。

スマホはシニアの必需品

人間、年をとってくると知らず知らずのうちに頑固になっていたりするものです。

皆さんの周りにもいませんか？　例えば「俺は電話しか使わないからいらねえんだ！」などと、ガンとして携帯電話からスマホに替えない人が。

それ自体を悪いと言っているわけではありません。何が必要で、何を便利だと思うかは、その人のライフスタイルや考え方にもよりますから。

ただ、私の周りで言えば、そんなことを言う人に限って「本当は欲しいんでしょ？」と問い詰めると、力なく「うん、欲しい」と白状します（笑）。

本音のところでは使ってみたいと思っているのに、流行に乗り遅れてしまった自分が何だか悔しく、とはいえ、いまさら軽い気分で乗るのも気恥ずかしいから、意地を張ってみせるのです。

私は発売された直後からスマホを使っています。

特にデジタル機器に詳しいとか好きというわけではありませんが、スマホは電話にメールに調べ物にと毎日大活躍していて、もう手放すことはできません。

パソコンでもできることばかりですが、小さくて軽くて、いつも肌身離さず持ち歩け、いつでもサッと取り出せるのは大きな魅力です。

若い人たちと話をする時にも役立つことがあります。

例えば、私たちの世代なら当然知っているヒット曲でも、若い人たちは知らなかったりします。そんな時、スマホで動画サイトにアクセスし、曲名や歌手名で検索すれば、ほとんどの曲を聴くことができます。

「何だ、そんなことか」と笑われてしまいそうですが、さまざまな情報に瞬時にアクセスできるのは、「あれ、何だっけ?」とド忘れすることが増えた私たち世代にこそ必要なものではないでしょうか。

「マイナンバー制度」には期待します

日本在住で住民登録のあるすべての人に12桁の番号を割り当てる「マイナンバー制度」が始まりました。

しかし、報道などを見聞きするかぎり、この制度に対する評判はあまりよろしくないようです。

最も多いのは、やはり個人情報が流出するかもしれないという不安でしょう。すべての国民に番号をつけられ、所得や資産を把握されるため、何となく国に管理されることへの嫌悪感や恐怖心というものがあるようです。

そんな気持ちもわからなくはないですが、それでも私は基本的にこの制度に期待しています。なぜなら、これを導入することによって、税の公平性が今までよりも保たれるのではないかと思っているからです。

国民ひとりひとりの所得や資産を国が把握することができれば、税金の取りっぱぐれが減るはずです。

ご存じのように、ほとんどのサラリーマンの給与は、税金や保険料が天引きされて払われますから、所得を隠すことは困難です。

ところが、自営業やフリーランスなど、世の中にはそうではない職業もたくさんあります。漫画家もその一つですが（笑）、そういった人の中には何とかして所得を隠し、税金から逃れようとし、実際に逃れている人も大勢いるわけです。それでは、所得がガラス張りになっているサラリーマンや正しく税金を納めている人が、バカを見ることになってしまいます。

このような、言わば「正直者がバカを見る」社会では、きちんと納税する意欲も低下してしまいます。

それを防ぐためにも、税の公平性は重要です。この制度を導入することですべてが解決するとは思いませんが、それでも一定の効果はあるのではないでしょうか。

そして、徴収された税金が社会に還元されれば、私たちの生活の質の向上につながるはずです。

それは老後の生活も例外ではありません。

そのためには、適正なところに適正な額の税金が使われることが必要です。そのような流れになっていけば、個人情報流出などのデメリットを差し引いてもメリットのほうが大きいのではないかと思うのです。

もっと言えば、これほどまでにクレジットカードやポイントカードが普及し、さまざまな企業が個人情報を集めて利用している世の中では、マイナンバー制度が始まったからといって個人情報流出の危険性が特別に高まるとは思えません。その気になればクレジットカードの番号からでもその人の収入や資産を調べることは可能なはずですから。

そういった現実を受け入れ、より利便性の高い社会を求めることが、今の私たちが探るべき道ではないでしょうか。

老人も英語力は必須になる!?

英語学習の開始時期が現在の小学5年から3年に前倒しされ、5年生からの授業に〈英語〉が正式教科として取り入れられますね。

2018年度から部分的実施をスタートさせるそうです。文部科学省は「アジアトップの英語力育成」を目標に掲げています。

「英語教育を2年早めたぐらいで英語ができるようになるわけがない」という意見もあるようですが、私は悪いことではないと思います。語学を習得するなら、なるべく早めに接するに越したことはありません。今後ますますグローバル化していく世の中で、国際的に活躍できる人材を育てることは急務でしょう。

英語が必要になるのは、次代を担う若者だけではありません。

日本が観光立国を目指すのであれば、私たちの世代も日常会話に困らないぐらいの英語力はあったほうがいいでしょう。

2020年には東京五輪がありますし、少子化が進む中で、海外の労働力に頼ることも多くなっていきます。日本で外国人と接する機会は、間違いなく、今まで以上に増えていくはずです。

そんな私も、サラリーマン時代には、社内の英語の試験でAランクをもらい、いちおう海外派遣要員だったこともありましたが、今は英語があまり得意ではありません。特に聞き取りが苦手になってしまったのです。

ただ、日常会話に困らないぐらいのレベルにまで英語を覚えることは、そんなに難しくないとも思っています。

日常会話で使うような英語は学問ではなく、道具のようなものです。

例えば一生懸命ハウツー本を読んでも自転車に乗れるようにはならないように、語学も頭で覚えるというよりは、体に自然と染み込ませていくようなもの。ですから、海外でずっと現地のテレビを見ていると、ある日突然言っていることが理解できるようになる、なんてことが起きるのです。

私がかつて英語が得意だったのも、生まれ育った山口県岩国市の実家の近くに米軍基地があったからです。

中学生になると学校で英語を習い始めますから、その日に覚えた単語や文章がちゃんと通じるのかを試すために、米軍ハウスの子供たちに話しかけたりもしていました。するとリンゴは「アップル」と発音してもなかなか通じず、「アポーと言ったほうがいい」なんてことが少しずつわかってきます。

そんなふうに覚えていくのが日常会話で使う英語で、別に文法なんかいりません。逆に「文法なんかにこだわるから英語が上達しない」とも言えます。

恥ずかしがり屋が多い日本人です。もう少し厳しく言えば、プライドが高く、格好つけたがり。

ですから、「ちゃんとした英語を話さないと笑われる」と、頭の中で文章を組み立ててからでないと発言しないのです。で、発言の回数が減って上達できない。

でも、考えてみてください。デーブ・スペクターさんはダジャレが言えるほど日本語が堪能ですが、日本人の私たちが聞けば、やはりどこかに違和感があります。

ということは、外国人がよその国の言葉を完璧に話すことには、おのずと限界があるのです。

ネイティブな人から見てどうしても違和感が残るなら、最初から完璧など目指さず、

「伝わればいい」と割り切ってしまうほうが、よっぽど効率的です。恥ずかしいなんて思う必要はありません。

自分の意思を伝えるだけなら、五木ひろしさんの「よこはま・たそがれ」の歌詞が参考になると思います。

この歌は文章を使わず、ゆきずり、くちづけ、タバコの煙などの名詞を並べただけのような簡単な歌詞ですが、言いたいことが伝わるどころか、情景まで頭に浮かんできます。もちろん、こんな詩的な表現はできませんし、する必要もありませんが、英語も同じ。一つ一つの単語を区切ってはっきりと発音すれば、言いたいことは伝わります。

例えば「ドリンク、コールド、アイ・ウォント」は文法的にはデタラメですが、ちゃんと冷たい飲み物が出てくるはずです。用件が伝われば問題はありません。

ヒアリングの能力を高めるにはオバマ大統領やマーティン・ルーサー・キング牧師などの有名な演説を繰り返し聞くといいでしょう。

そういう人達の話は内容が難しいと勘違いしている人も多いようですが、アメリカには多くの人種がいますから、どんな人にも伝わるように、はっきりと、わかりやすく話されているのです。
正しく、美しい英語を学ぶにはいちばんの手本だと思います。
習うより慣れろ。その勉強法は高齢者になっても変わりません。

第5章 死について考える

潔くかっこよく死にたい

「終活」という言葉も広く使われるようになりました。終活とは、すなわち「残りの人生をどう生きるか」です。

何をもって幸せとするかは人によって違いますし、とてもひと言で言えるようなことではありません。

私自身は「老い」や「死」を怖いものだとは少しも思っていません。

死は誰にでも平等にやって来るもので、逆らうことは誰にもできませんから。

一般的なサラリーマンの第1のゴールが定年退職だとすれば、第2のゴールは「死」です。

その第2のゴールをいかに笑って迎えられるか。それを考えることが「死」について考えるということです。「死」について考えることは、別に悲しいことでも後ろ向きなことでもありません。

また「老い」も「衰え」ではなく、「成長」の一つだと考えています。

私も最近はもの忘れが激しく、階段を駆け上がればゼエゼエと息は切れますし、急に立ち上がれば頭がクラッとすることもありますが、これも順調に年を重ね、成長しているからこそ。喜びこそすれ、悲しむことはありません。

ですから、最近よく耳にする「アンチエイジング」とも無縁です。老いに抵抗してもしょうがない。大事なのは老いをいかに受け入れるかです。

「死に様」という言葉があります。「死ぬ時の様子、死んだ様子、死に際」といった意味で、「死に様を見せる」なんて使い方もします。

これはけっこう大事なことで、それまでどんなにやんちゃで、ちゃらんぽらんな生き方をしてきたとしても、死に様がきっちりしていれば、それまでのマイナス要素がすべて打ち消しになってしまう。そのぐらい「死」とは崇高なものです。潔く、かっこよく死ぬにはどうすればいいか。私自身もそんなことをよく考えています。

最近は「死に様」に対して「生き様」という言葉も使われますが、これは少し前にはなかった日本語です。

試しに私が高校の時に使っていた古い国語辞典を引いてみると、やはり載っていません。

「死に様」は言葉としても古くからある、日本人に根ざした考え方だということもできるのです。

もし私が死期を意識したならば、「笑って人生をゴールしたい」と考えます。

そのために注意しているのが、人に嫌われないこと。別にこびる必要はありません。表面的にはニコニコしながら、でも周囲に流されず、自我を持っていればいいのです。

巨大地震の備え、死ぬときは死ぬ、の覚悟を持つ

9月1日は「防災の日」です。ご存じのように、1923年（大正12年）の同じ日に起きた関東大震災にちなんで、「地震、津波などに対する防災意識を高めるため」に制定された日です。

でも、今の日本人が大震災と聞いて思い出すのは、やはり2011年3月11日の東日本大震災でしょう。そのダメージはあまりにも大きく、いまだにその傷は癒えません。

3・11以降、防災に対する私の意識も変わりました。お恥ずかしい話、それまでは、ほとんど気にするタイプではなかったのですが。

まず、仕事場の机の下に、外履き用のスニーカーを置きました。地震が起きると、物が壊れ、ガラスが割れます。揺れがおさまって見回すと、周囲は危険物だらけのはずです。それは家の中も外も変わらないでしょう。

そんな中を何も履かずに、裸足で歩き回ることは絶対にできません。そこで最初に靴を買ったのです。逃げることを想定すれば、やはり長時間履いても疲れにくく、歩きやすい、スニーカーということになると思います。

それから非常用持ち出し袋も買いました。これはどこにでも売られている、ごく一般的なものです。

そして、水をためておくための大きなタンクも買い、アシスタントもいるので、常に１００リットルの飲み水を準備しています。非常食用に缶詰１００個以上も買い置きしてあり、その中には主食になるパンの缶詰もあります。

まあ巨大地震が起きてしまったら、もしかしたらそんな備えなどは何の役にも立たないかもしれません。私は津波の心配はないと言われる場所に住んでいますが、たまたま地震の時に、海の近くに行っている可能性だってなくはありません。

逆に震源地の近くに住んでいる人がその時に限って、まったく別の場所へ行っている場合だってある。

であれば、最終的には、死ぬ覚悟というものを、どこかで持っているべきだと思うのです。

あきらめるという意味ではありません。どんなに備えていても死ぬ時は死ぬ。そういう覚悟で、慌てない、動じないという「心の備え」も常にしておくべきだと思うのです。

もちろん、そんなきれい事を言ったところで、いざとなればみっともなくオロオロしてしまうでしょう。

でも、たとえ役立たなくても、役立つことを信じて準備しておくべきではないでしょうか。それは何も災害に対することだけではありません。「備える」とは、きっとそういうことだと思うのです。

映画から学ぶ「死」

今までにたくさんの映画を観てきました。

いちばん観た時期は、やはり漫画家になるためにサラリーマンを辞めた20代の中頃でしょうか。

まだビデオなんかない時代ですから、映画館に通い、年間200本以上を観ました。そうやって漫画に必要なノウハウを映画から学んだのです。映画館にはいつもペンと紙を持ち込んで一生懸命メモをしました。その頃に学んだこと、気づいたこと、考えたことは、今でも漫画を描く時のベースになっています。

映画から教わったのは漫画の描き方だけではありません。

好きな映画からはさまざまな影響を受け、生きるヒントのようなものをもらいました。それはもちろん、「どう年をとるか」「どう死ぬか」といったことにも及んでいます。

最初にこんなふうに死にたいと思ったのは『明日に向って撃て！』という映画でした。名画中の名画ですから、きっとご覧になった方も多いでしょう。主演はポール・ニューマンと当時はまだ無名だったロバート・レッドフォード。銀行強盗や列車強盗を繰り返し、追われる身の２人は、逃亡した異国の地でついに軍隊と警察に囲まれてしまいます。

どう考えても逃げ切ることはできないし、すでに何発かの銃弾を浴び、重傷を負った状況。そんな時に２人が交わすのが「これからどこに行きたいか」という会話です。「次はオーストラリアだ」「そこに女はいるのか？」と聞くロバート・レッドフォードに「よりどりみどりだ」と答えるポール・ニューマン。死を目前にしても２人は軽口を叩き合うのです。

『００７シリーズ』などもそうですが、格好いい男は死ぬ間際も覚悟を決めているのでこんな軽口を叩くのです。

私も病床で家族に見守られながら最期を迎える時、一度ガクッと死んだふりをして「おじいちゃ〜ん」と泣きつかれたら、「まだまだ」とか言いながら目を開けてみようかなと。以前そんなことを真剣に考えたことがありますが、それじゃあ完全に志村けんさんのコントですね（笑）。

「死ぬ間際に軽口を叩くなんて、映画だからだろう？」と言われればそのとおりです。でも、そこにあるのは、たとえ「死」という受け入れがたい現実でも、素直に受け入れる姿勢です。

どんな状況であれ、誰にも死は訪れるのですから、必要以上に悲しんだり、恐れたりすることはないと思うのです。

最近の憧れはクリント・イーストウッドです。俳優としても好きでしたが、何より彼の撮る作品がすばらしい！　85歳を超えても現場にこだわる姿勢にも共感します。

中でも好きなのは2005年日本公開の『ミリオンダラー・ベイビー』です。

イーストウッドが演じるジムトレーナーは、これまで孤独に生きてきた女性と出会い、彼女をプロボクサーとして育て上げていきます。ところが、思わぬ悲劇が起こったことから、2人の間に重い命の問題がのしかかってきます。

その苦悩を、彼は大げさに泣いたりわめいたりすることなく、静かに演じ切ります。

もし自分が同じ状況に置かれたら、どうするのか。「死」について、とても考えさせられる名作です。

形式にとらわれず自分が満足できるお墓選びを

最近、永代供養を数万円で提供するサービスが話題です。

人気の秘密は、もちろん、今までの常識では考えられない低価格。これまでのやり方では、墓地と墓石を用意するだけでも一般的に数十万から百万単位のお金がかかります。

そして檀家になれば、お寺さんへの寄付などが必要ですから、半永久的に維持費もかかる。しかも、そういったものはあくまでも「お気持ち」ですから、相場はあるものの、多くの場合、金額はハッキリしていません。

だからといって、これらのやり方をしないと安らかに眠れないかといえば、そんなことはないはずです。

そもそも、多くのお金を払わなければ成仏できないとすれば、それ自体が何だかおかしな話です。

ご存じのように、世界中には多くの宗教や宗教観があり、死者の葬り方も「土葬」「鳥葬」「風葬」などさまざまです。

要するにどんな形式であろうと、自分が納得でき、周囲に迷惑をかけず、法を犯していないのであれば、散骨しようが自宅の庭に埋葬しようが、本来は自由なのではないでしょうか。

以前、我が家でも冗談まじりではありましたが、もし自分が人生のゴールを迎えた時には、「自宅の庭に埋葬してもらおうか」と話したことがあります。

きっかけは我が家で飼っている犬が亡くなった時に「どこに埋葬しよう？」という話になったことでした。

とにかく、犬がかわいくてしかたない家内は、「犬と一緒にお墓に入りたい」と言うのです。家内によれば、宗派などにもよるのでしょうが、少なくとも仏教では、人間とペットとの合祀は認められていないらしいのです。

となると、弘兼家の先祖代々の墓では無理です。そんな話をしているうちに「だったら、家の庭でもいいんじゃないか」という話に落ち着いたわけです。

ただ、こんなことを言えば、私の母親などは烈火のごとく怒り、反対するでしょう。

格安の永代供養サービスにしても、まだまだ年配の親や親戚から反対されるケースが多いのではないでしょうか。

いろいろな考え方があると思いますが、基本的に私はこのようなサービスが登場したことは、とてもよいことだと思っています。

クルマだって数万円の中古車から、数千万の高級外車までたくさんあるわけですから、さまざまな選択肢の中から、予算や内容を相談しながら、自分がいちばん満足できるお墓を選べばいいのではないでしょうか。

人間の幸福の答えは、一つだけではないのですから。

宗教は必要な人には必要なもの

年齢とともに宗教に関心が高まる人はけっこう多いと思います。

それまでは仕事の忙しさもあり、お墓参りなんてほとんど興味がなかったのに、「何となくお墓の前で手を合わせると落ち着くようになった」という感覚になる人は40代あたりから増えてくるようです。言うまでもなく、先祖を敬うことは悪いことではありません。

ただ、残念ながら、私はそういうものにほとんど関心がありません。昔から信心深い性格ではないのです。

もちろん、私が言いたいのは「宗教なんていらない」というような話ではありません。

そもそも宗教は、人類が登場した頃からあったとも言われています。

それはそうでしょう。人間が絶対にあらがうことのできない大自然があり、それに対する畏敬の念があったはずです。

そして、それを人間より上位の存在として神のように扱い、困った時はそれにお願いをするというのは自然なことだと思うのです。〝雨ごい〟などはその典型でしょう。必要な人には必要なもの――それが私の宗教に対する考え方です。

何かを信じることで、その人の心が本当に安らぐのであれば、好き嫌いにかかわらず否定する気はありません。

高額の物品を買わせたり、多額の寄付を要求する新興宗教が問題になったりもしますが、誤解を恐れずに言えば、そういう団体だって信じる人がいて、その人の心が安らぐのであればそれでいいとも思えるのです。

ただ、そのために周囲の人に多額の借金をしたり、家庭を崩壊に追い込んでしまったり、などということがあれば問題ではありますが、それはまた別の話です。

周囲から見れば「何でそんなことに大事なお金を？」と思うようなことでも、その人たちが満足しているなら、それは否定できません。

では、なぜ私がこういったものに関心がないかといえば、それは私が「合理主義者だから」という以外ありません。

少し話は変わりますが、よく「ゲンを担ぐ」という人がいます。「靴下は必ず右足からはくことに決めている」というような人です。

理由を聞くと「以前、右足からはいたらラッキーなことがあった。それ以来、逆からはくと悪いことが起きるような気がする」といった答えが返ってきます。

そんなことを聞くと私は「じゃあ、明日は左足からはいてみたら？」と言ってしまうような人間なのです。そして、私なら間違いなくそうします。

なぜなら、それで何もなければただの思い込みだということが証明されるからです。もし、それで悪いことが起きたら、私は次の日も左足から履いてみます。それで何もなければ、やはり思い込みだということになるからです。

初詣でに行って、神社などに願い事をするということもありません。行くには行きますが、それは正月のイベントの一つとして、家族とのコミュニケーションを図るために行くだけです。

大学を受験する時に、神社へ合格祈願に行ったこともありますが、それも友人とイベントとして行っただけでした。

そういえば、子供の受験の時にも、さる有名な勉学の神様のところへお願いに行きましたが、２人ともみごとに不合格になり、一浪してくれました。

年を取ると宗教的になるとはいえ、ほとんどの日本人がそんなふうに宗教とつきあっているのではないでしょうか。

初詣でには必ず行くというような人でも特別な信仰心を持っている人はそんなに多くないはずです。

ですから、キリスト教徒でもないのにクリスマスを祝ったり、教会で挙式ができたりするわけです。

いい意味でも悪い意味でも日本人は宗教的な節操がありません。

ただ明治維新後に、日本がアジアの中で急速に発展したのは、日本人は宗教的な縛りがなくいい意味での無節操があったからだと思っています。

ドイツのプロイセン憲法を輸入し、議会は英国とプロイセンの折衷案、日比谷あたりには鹿鳴館のような西洋の建物がたくさん建ちました。

牛鍋を食べ、靴を履き、髪はちょんまげを切って、ザンギリ頭です。一気に文明開化を迎えました。

簡単に言えば、西洋のいいとこ取り。恐らく、こういうことは宗教がしっかりしている国では難しいでしょう。拒否反応が起きてしまいますから。

私にもいつか毎日仏壇に手を合わせるような日が来るかもしれません。でも、もうしばらくは無節操な日本人のままでいるような気がします。

弘兼憲史流「新老人」のススメ

第6章

［スペシャル対談］

北方謙三×弘兼憲史

男たちよ元気を出せ！

60歳を過ぎてわかったこと

弘兼　北方さんと僕は生まれがほとんど同じなんですよね。僕が1947年9月9日生まれで。

北方　私は10月26日生まれ。で、お互い68歳ですか。もうずいぶん長いこと働いてきましたね。

弘兼　北方さんのデビューはいつですか。

北方　デビューというと微妙なんですが、商業誌で活字になったのは1970年です。『明るい街へ』という作品が最初ですね。

弘兼　あ、そうなんですか。早いですね。学生の時ですか。

北方　そうです。『新潮』って雑誌だったんですけど、編集長に「君は大江健三郎以来の学生作家で天才だ」って言われて。こう見えてわりと素直な性格なもんですから、言われるとそう思っちゃうんですよ。で、「俺は天才じゃないんだ」って気づくまでに5年ぐらいかかりました（笑）。

弘兼　じゃあ、年齢は一緒ですけど、北方さんのほうが少し先輩ですね。僕はデビューが1974年なんですよ。1970年に大学を卒業して、1973年に会社を辞めて、その翌年にデビューなんです。

北方　立派な経歴じゃないですか。

弘兼　考えてみると順調ですね。北方さんは、まだ最年長ってことはないんでしょうけど、もう作家としてはかなり年齢が上のほうになったんじゃないですか。

北方　私は直木賞の選考委員をやってまして、選考委員というのは全部で9人いるんですが、年齢で言うとその中では宮城谷昌光（71歳）先生についで2番目になりますね。ただ、選考委員年期でいうと私が最年長になります。漫画界はどうなんですか。

弘兼　まだ藤子不二雄Ⓐ（81歳）先生とか、トキワ荘の方々がお元気でいらっしゃいますから。あと、トキワ荘ではないですけど、さいとうたかを（79歳）先生もだいたい同世代で。やなせ先生、水木先生が亡くなったのでいちばん上はその世代になりますね。

で、今回はそんな我々に、単行本のオマケということで「老い」について語ってくれ、というのが趣旨みたいです（笑）。

北方　そうみたいですね。他人に何かアドバイスできるような立派な人生は送ってないですけど。だいたい、人に教えを請いたいやつなんかロクなジジイにならない。

弘兼　ハハハハハ！　それは正直に言っちゃうと僕もそうなんですけどね。でも、それだと対談が成り立ちませんから（笑）。昔、『ホットドッグ・プレス』で連載していた人生相談を思い出して、「ソープへ行け！」みたいなアドバイスをお願いしますよ。

北方　あっ！　それ、いまだに言われるんですよね。街を歩いていると、40代ぐらいのやつが寄ってきて「ソープランドの人ですよね」って。「俺はソープランドで働いたことはない」って言い返してやるんですけど（笑）。

ヨボヨボ？まだギラギラしているぜ！

弘兼　その世代の読者にとっては、それだけインパクトが大きかったんでしょうね。ところで、どうですか、この年齢になってみて。昔、想像していたのとギャップはありますか。

北方　何にもないですね。というのは、この年まで生きてると思ってなかったんですよ。私のじいさんは60になる前に死んじゃったし、親父は60で死にましたしね。

弘兼　男がわりと早く亡くなる家系なんですね。

北方　そうなんですよ。だから60を過ぎた時に、「あ、もうじき死ぬんだな」と思ったんです。まさか68まで生きてるとは思わなかった。

弘兼　僕が若い時に想像していた68歳というのは、もっとヨボヨボだったんですよ。でも、実際になってみると全然そんなことはなくて。なんだったら、まだギラギラしていなくもない（笑）。そのあたりはちょっと予想外だったですね。ただ、やっぱり老いを感じることは多くなりました。

北方　そりゃあ、私もいっぱいありますよ。

弘兼　中でも顕著なのは、人の名前が全然出てこなくなったことですね。仲間内で話している時は「ほら、あの映画に出ていたあいつ」で話が通りますからいいんですけど、こういった取材の時なんかは困りますね。スマホが手放せないです。

北方　ああ、確かに名前は出てこないですね。私も映画は好きでよく観るんですが、俳優の名前どころか、観た映画のタイトルも出てこないです（笑）。

弘兼　ああ、ストーリーも何もかも全部言えるのにタイトルだけが出てこないとかありますよね。

北方 で、それがまったく関係ない時にパッと出てくるんです。イメージとしては記憶をスムーズに出す構造にちょっと引っかかりがあって、スーッと出てこない感じです。

弘兼 僕はね、あれもありますよ。尿意を催したらもう我慢できない。

北方 ああ、ありますねぇ（笑）。

弘兼 若い時は平気で我慢できたんですけどね。一度行きたいと思ったら行かずにはいられない体になってしまいました。

北方 もうほとんど漏れそうになって行きません？

弘兼 そうそう！　それこそ「尿意ドン！」じゃないですけど走ってトイレに行くこともあります。お恥ずかしい話ですが、間に合わなくてちょっと漏れちゃったり（笑）。

北方 ある先輩が言ってたんですけど、ジャーって小便をするでしょう。で、「ああ、終わった」と思って、あそこを振って、パッと中に入れたらチョロっと出ちゃうと。

弘兼 それは男はけっこう若い時からありますよね。酔っ払ってキレが悪いと、やっぱりチョロっと出ちゃって、足のほうまでダーッと流れちゃったり。で、薄い色の綿のズボンをはいてると、それがものすごく目立つんですよ。だから、ごまかすために洗った手のしぶきをかけて、いかにも洗った時に濡れてしまったフリをしたりね。

北方　ハハハハハ！　私はね、35歳からヒゲ生やしてるんですよ。そうするとヒゲの下の皮膚ってずっと保護されてるわけじゃないですか。もう30年以上保護してきた場所だから、この年になって剃ったらきっと若々しくてツヤツヤの肌が出てくるだろうと思ったんですよ。でも、保護してると逆にダメなんですね。剃ったら、たるんたるんのジイさんの肌が出てきて、がっかりしたことがありました。

弘兼　ああ。男って急に老化が進むことがありますよね。自分のことは毎日見てますからなかなか気づかないんですけど、一年ぶりぐらいに会った友だちなんて「お前、年とったなぁ！」って言いたくなるやつがいますからね。

北方　私が見た目で「老けたなぁ」と思ったのは、やっぱり髪が薄くなってきてからですね。

弘兼　いつからですか？

北方　いや、もうだいぶ前からですよ。今はずっと現状維持で。15年ぐらい変わってないんですけどね（笑）。

死は「いなくなった」と考える

弘兼　若い時に比べると、我々もかなり死というものが身近になってきたわけじゃないですか。もちろん、若い時も頭の片隅では死を意識していましたけど、やっぱりどこか遠い存在だった。でも今は、手を伸ばせば届くところにありますよね。

北方　確かにそうですね。周りを見ていても、いつ死んでもおかしくない。

弘兼　そうなると作品の中で死の描写というのは増えてきますか。

北方　特にこの年になったからというわけではないですけど、死についてはしょっちゅう書いてますね。

弘兼　包丁かなにかでグサッと刺されて、どんどん失血するなか少しずつ意識が薄れていって……。

北方　いろんなことを考えて、何も見えなくなった、とかね。白くなったとか。私はね、死というのはもう割りきっちゃってるんですよ。いなくなるんだ、と。つまり、この年になると周りの友人なんかがどんどん死んでいきますよね。でも、死んだとは思わない。いなくなった、と思うようにしてるんです。すると、いずれ自分もいなくなるんだと。ただそれだけのことだと思うようにしてますね。

弘兼　僕も昔は死ぬのがすごく嫌だったんですけど、最近は死が来たら「まぁ、仕方ない。受け入れるか」みたいな感じで、わりと恬淡としてますね。

北方　そうですよね。でも、何となくですけど、もうしばらく行けるなって自信もあるんですけどね。

「死」には割りきりが必要

弘兼　僕も我孫子先生なんか見てたら「あそこまで行きたいな」と思いますけどね。

小説を書くスピードや集中力はどうですか。北方さんの『水滸伝シリーズ』なんて相当長いですよね。

北方　もう50冊になりますね。今、書いてるのが51冊目です。

弘兼　何年書いてるんですか。

北方　十数年じゃないですかね。3カ月に1冊ぐらいのペースで書いてましたから。

弘兼　それはすごいなぁ。僕も『黄昏流星群』は50巻まで出てますけど、描き始めたのは20年ぐらい前ですから。ということは、20年かけて50冊か。北方さんには全然敵わないなぁ『黄昏流星群』は一つの話が2話とか3話で終わるからいいんですけど、僕はずっと連載を続けてると、けっこう途中で飽きちゃうタイプなんですよ。

北方　そんなこと言ったって、島耕作はずっと続いてるじゃないですか！

弘兼　あ、そういえば（笑）。32年続いてますね。

北方　それだけ続けば立派なもんですよ。今の若いやつらに欠けているのは〝継続する力〟ですから。

弘兼　確かに「継続は力なり」ですからね。『水滸伝シリーズ』もそうだと思いますが、北方さんの小説は男の生き様や死に様がテーマになっているものが多いですよね。男はどう生きていくべきか、そして死んでいくべきか。それはどんなことを考えていつも書かれているんですか。

北方　基本的には、男はしっかりと生きてりゃあいいんだ、ってことですよね。そうすれば、結果的にそいつが死んだらいい死に様になるし、ロクな生き方をしてなければば無様な死に様になる。だから結局、どうすれば魅力的に生きられるかってことを書いてるんでしょうね。生きることが魅力的だったら、その人の死も魅力的になるんだろう、という考えで書いてます。

弘兼　なるほど。死生観みたいなところで言うと、今の子供たちって実際、死んだ人を間近で見ることがないまま大きくなるじゃないですか。でも、我々の頃のおじいちゃん、おばあちゃんっていうのは在宅死で、うちの祖母もそうだったんですが、学校から帰ってきたら亡くなっていて、さわったら冷たくなっていたことをよく覚えてるんです。そうすると、死に様というものを考えた時、人間は生まれてきたら死ぬんだというのを教えるためにはみんな在宅死をしたらいいんじゃないかという気がするんですけどね。

北方　なかなか難しいけどね。

自分が死ぬ瞬間をイメージしてみる

弘兼　北方さんが死ぬ場所を選べるとしたら、在宅死と病院死、どちらを選びますか。

北方　やっぱり在宅死ですね。私は時々、自分の理想の死を連想するんですよ。

弘兼　へぇ～、どんなですか。

北方　布団に寝てるじゃないですか。そうすると、布団の右側に孫たちがいるわけです。で、左側には娘たちが並んで座っている。女房はとっくに死んじゃってるんです。

弘兼　つまり、イメージとしては周りに娘と孫たちがいて、みんなに見守られながらジイちゃんは安らかに逝くと。

北方　いや、ジイちゃんはとりあえず訓戒を残して死ぬんです。「約束を破ってはいけない、それが男だ」「弱い者をいじめちゃいかん、それが男だ」。孫は男ですからね。で、娘は2人いますから「仲良くやれ」と。それだけ言って死のうかと思ってるんです。

弘兼　かっこいい。ほんとかなぁ（笑）。

北方　それができるかできないかは別にして、時々そうやってね、自分が死ぬ瞬間というのをイメージしてみると、そんなのがいいなぁと思うんですよね。弘兼さんは理想の死に方はあるんですか。

弘兼　若い頃に考えていたのはありますけどね。イメージの中では僕は胸を病んでるんですよ。で、雪が降っている日に橋の上に立ってるんです。そうすると急に胸が苦しくなって「うっ」と口元に手をやると、手には血が付いている。それで橋の欄干を伝いながら、そのままひとりで崩れ落ちていく感じですね。

北方　ものすごく耽美的（笑）。

弘兼　でも、現実なかなかそういうわけにもいかないので（笑）。今はそうですね、噂によりますと、藤子・F・不二雄先生が漫画を描いている最中にペンを持ったまま、原稿の上に突っ伏して亡くなったらしいので――僕も漫画を描きながら「うっ」と苦しくなって、そのまま逝けるのがいいかなと思いますね。

北方　私も時々、小説を書いてると胸が苦しくなることがあるんですよ。で、ゴホッと咳き込むと手のひらに何か茶色のもの出るわけです。でも、「おっ、血か!?」と思うんですけど、実際は痰なんですよね。なんだ煙草の吸いすぎじゃねえかと。

弘兼　喀血じゃないんですね（笑）。

北方　そうなかなか現実は格好よくいかないですよ。

リタイアしたとたん老け込む

弘兼　高齢化社会ですから当然と言えば当然なんですが、最近はいろいろな老人問題がニュースに取り上げられることが多くて、しかも「暴走老人」とか「逆走老人」とか「下流老人」とか「○○老人」と名付けられることが多いですね。

北方　そうなんですか。私はそういうことはほとんど把握してないんですよ。時々同窓会に行くじゃないですか。特に中学・高校時代の同窓生はいろいろなジャンルのやつがいて、おもしろいから顔を出すんですよ。そうすると、すでにリタイアしてるやつがいるわけです。で、「俺は悠々自適なんだ」なんて自慢してる。でも、それが自慢に聞こえるんですね。だけど、生活は苦しくない。生活に困ってるやつは同窓会なんて出てきませんから。

弘兼　同窓会ってそうなんですよね。借金に追われてるようなやつは絶対に出てこない。それなりに成功したやつが「俺は成功したけどあいつはどうだろう」って出てくるのが同窓会ですから。

北方　だから私の周りはそんなやつが多いから、どんな老人問題が起きてるのかってのは実感としてよくわからないんだよね。ただ、同窓会に行って一つ思うのは、現役のやつはやっぱり老いないですよね。老け込まないっていうのかな。

弘兼　ああ、そりゃあそうですね。リタイアした途端に老けこむことは多い。

北方　だから、いくつになろうと仕事は続けたほうがいい。世の中が受け入れてくれなくなったら、それはしょうがないけど、受け入れてくれている間は仕事をしたほうがいいですよ。

弘兼　北方さんなんて、仕事をしているからこそ今でも女性にモテる。

北方　ちょっと格好つけさせてもらうと、私は小説を書くために生まれてきたんだと思ってるんですよ。生きることが書くこと、書くことが生きることなんです。そうすると私の実人生は原稿用紙の上にしかないんですよね。だから、それ以外のところでは何をやってもいいいんだと思ってるんです（笑）。

年のせいにするな！

弘兼　ある意味、北方さんも暴走老人ですよね。

北方　暴走老人というのは？　すぐキレる老人のこと？　じゃあ、私は違いますよ。キレないもの。キレちゃう人はさ、よくわかんないけど素質なんだと思うよ。もともとキレる素質を持っている。それを年のせいにするのは何か違うと思うけどね。

弘兼　孔子は『論語』の中で「60にして耳順」と言ってるんですよね。どんなことを聞いてもキレたり動揺したりしないという意味らしいんですけど。だから本当ならそうあるべきなんでしょうけど、今はその頃と違って寿命が延びてるから。60になってもまだ「不惑」ですらないかもしれない。

北方　今の60代はその頃の不惑にいってないですよ。

弘兼　じゃあ「30にして立つ」ぐらいですかね。耳順というほど、そんなに落ち着いてないですよね。

北方　キレる老人なんていうのは、たぶん昔もいたんですよ。ジイさんのちゃぶ台返しなんてさ、メシが気に入らないってひっくり返してるんだから（笑）。新幹線の中で焼身自殺をした人もいたけど、そこまでやったらマズいってだけの話で。

弘兼　あの新幹線の人は厭世的というか、昔からそういう体質だったような気はしますね。

北方　自殺者なんて、1人や2人じゃないでしょ。交通事故で死ぬより多いんだから。

弘兼　確か年に自殺者は3万人ぐらいですよね。

北方　そうなんだ。日本が特に多いんですか。

弘兼　多いのは北欧らしいですけどね。

北方　冬の長い夜に死にたくなるんだな、きっと。ところで、話は変わりますが、私は小説を書くために沖縄にしばらく滞在することがあるんです。

弘兼　ああ、そうなんですね。作家の方はそれができるからうらやましい。漫画家はアシスタントがいるから全員連れて動くわけにいかないんですよね。作家とか原作者とか本当にうらやましいと思いますね。

北方　作家はペンと紙さえあればどこでも書けますからね。

「下流老人？」それがどうした!?

弘兼　すっかり話がそれましたけど（笑）。最近で言うと「下流老人」というのも話題だったんですよ。２０１５年の新語・流行語大賞の候補になったぐらい。

北方　「カリュウ」ってどういうことですか。

弘兼　花柳界の「花柳」じゃないですよ。上流、中流、下流の「下流」です。すごく簡単に言ってしまえば〝貧しい老人〟ってことですかね。

北方　なんだ。じゃあ、そう言ってくださいよ（笑）。わざわざわかりにくい名前を付けなくてもいいでしょうに。で、貧しい老人がどうしたんですか。

弘兼　年収４００万の人でも下流になりますよ。そういう本が売れているんです。

北方　えっ、年収４００万って貧しいんですか。４００万もあれば破産しないでしょう。４００万の収入が定年後とかにゼロになっちゃうってこと？　だったら貧しくなるでしょう。そんなの当たり前じゃないですか。

弘兼　北方さんにかかると敵わないな（笑）。ただ、僕も考え方は北方さんに近いです。定年後というのは収入が大きく減るわけですから、それまでの生活を持続しようとするのは無理があるんですよね。だから、年をとったらうんと貧乏になればいいんです。で、それをみじめだと思うんじゃなくて、普通だと思えばいい。要は気の持ちようですから。

北方　昔はみんな貧乏だったからね。そんなに気にならなかった。

弘兼　そうなんですよね。でも、僕らが若い頃の話をすると、すぐにジジイ扱いされたり、「弘兼さんの頃とは時代が違うんですよ」と言われたりするんです。ただ、そう言ってしまったら僕らの経験というのは活かされないわけで、やっぱり僕らが子供の頃というのは、よもぎとか、そのあたりの草を食べたりしてましたよ。そういう生活をすべきだとは言いませんが、やっぱりその頃に比べれば今は贅沢になっているわけで、年収が400万ある頃はそういう生活でもいいですけど、収入が減ったら「食費は月1万円に抑えよう」とか、そういう生活に変えるべきだとは思いますけどね。例えば年収400万もあったら他の貧しい国と比べたら大金持ちですよ。

北方　カネなんて結局いくらあったって足りないわけで、じゃあ年収いくらあれば幸せになれるんだって話でもあるんだよね。1000万あればいい？　ただ、みんながそれだけ稼ぐ世の中になったら結局1000万でも貧乏じゃないか。

弘兼　最近は「格差社会」も問題になってますけど、これはもうしょうがないですよ。人間には個体差があって、頭がいいのとそうでないの、性格がいいのとそうでないの、ルックスがいいのと悪いの、歌がうまいのとヘタなの、足が速いのと遅いのっていうように生まれながらに格差があるんだから少なからず個人の経済力に反映する。それがすべて平等になることはありえない。もちろん、人間の叡智でなるべく平等に近づくような仕組みは作っていくわけですけど、それにも限界はありますよ。

北方　うん、また話をそらして申し訳ないんだけど、私は給料というものを人生で一度ももらったことがないから年収いくらと言われても全然ピンとこないんですよね。

弘兼　大学卒業後は就職せずにバイトだったんですか。

北方　ほとんど肉体労働ですね。だから日給です。手配師のところに行って、どこどこへ行けって言われてその現場に行くんですよ。だけど事務のアルバイトなんかよりも2倍か3倍も日給が高くて、月の半分も働けば十分に暮らせたんです。で、あとは小説を書いてました。

弘兼　すごい無頼な生活ですよね。

北方　今にして思えば本当にそうですね。大学の連中が4、5人来て、「今からでも遅くないから司法試験を受け直せ」って言いましたから。「お前、人生を棒に振るつもりか」って。でも、その時から本が売れなくなったら消えていくしかないんだろうと思ってたし、今だってそう思ってますからね。

弘兼　そうなんですよね。作家とか漫画家のような不安定な職業を選ぶ人間って、みんな行きあたりバッタリの人生観ですよね。将来に対する計画性なんてものがあるわけがない（笑）。よく保険会社が作る人生プランってあるじゃないですか。何歳頃に結婚して、子供を作ってという。もし、あれが理想の人生だとしても僕らには絶対そういう人生は送れないですよ。

老人にチャンス！若者のセックスレスは大歓迎！

北方　また話はずれるんですが、うちの親は外国航路の船乗りだったんですよ。で、それはどういう人生かというと、7つの海を股にかけるなんていうのはまったくのデタラメで。貨物船というのは、きっちりと「どこどこまで」ってコースラインを引くんです。そのコースラインから船を逸らせないように行くのが船乗りの仕事なんです。だから、うちの親は人生もそうだったですよ。決めたところを行く。

弘兼 ある意味、すごく堅実な仕事なんですね。

北方 そう。親があんまり人生の航路をはずさなかったから、代わりに息子がはずしまくった（笑）。我ながら結婚なんかもよくできたな思いますけどね。

弘兼 「生涯未婚率」というのがあって、今は男性が約20％で女性が約10％なんですよ。どういうことかと言うと、50歳まで一度も結婚したことがない人が男性だと5人に一人もいるということなんです。ところがこれも２０３０年には男性が30％、女性は20％になると言われている。そうすると、高齢者の一人暮らしが増えますよね。だから、一人暮らしの気楽さを満喫しつつ、結婚せずに交際だけ楽しめるというような高齢者向けのコミュニティができたらいいなという気はするんですけどね。

北方 なるほどね。ところで今、若いカップルのセックスレスというのは、どのぐらいの割合なんでしょうね。

弘兼 いや、どうでしょう。よくわかりませんけど、いっぱいいるんじゃないですか。

北方 それは、すごくいい傾向ですよね。

若い女がどんどんこっちに回ってくる。そこをうまく立ち回るのが老人の役目

弘兼　どういうことですか？

北方　だって若い女がどんどんこっちに回ってくるじゃない。

弘兼　そういう話ですか（笑）。確かにロジックは立っているような気もしないでもないですね。

北方　いや、若いやつのセックスレスは非常に都合がいいですよ。そういうところに乗じてうまく立ち回るのが年寄りってもんですから。

弘兼　（笑）うまくセックスレスを煽ってね。

北方　そう言えば、この前、デビッド・リンチ監督の『ストレイト・ストーリー』という映画を観たんですよ。主人公がストレイトさんってジイさんでね。その人には何十年も会ってない兄貴がいて、その兄貴に会うために、芝刈り機みたいのに乗ってトコトコトコトコ何百キロも旅して行こうとするんですよ。

で、その途中で若者が集っているところに行ったら、その若者が「ジイちゃん何してるんだ、こっち来いよ」って、飯を食わせてくれたり、酒を飲ませてくれたりするわけです。それで飲み食いしながら話しているうちに、その中の一人が「ジイちゃん、年とって何かいいことあるかい」って聞くんですよね。そうすると「お前らみたいな若いやつにこんなに親切にしてもらえることだ」って答えるんです。で、「年とって悪いことはあるかい」って聞かれると、一言だけ、「自分が若い頃のことを忘れられない」って。

弘兼 なるほど、しみますねぇ。

北方 ね、これがね老いるってことでしょう。シュールで難解な映画が多いデビッド・リンチですけど、これは割合ストレートでいい話でしたね。

弘兼 まさにストレートストーリーですね。

女性にモテたい心を忘れるな！

弘兼 「もし戻れるとしたら何歳に戻りたいか」って質問がよくあるじゃないですか。そう聞かれたら、北方さんはどう答えるんですか。

北方 それは決まってますね。いちばんセックスが強かった時です。一晩に3回できていた元気な頃に戻りたい。

弘兼 どうしても話をそっちに持っていきたいんだな（笑）。

北方　自慢じゃないですけど、若い頃は一晩に3回なんて普通にやってましたからね。しかも相手を全部替えるんですよ。

弘兼　えっ!?　それはスゴいじゃないですか！

北方　だって毎晩3回ずつやろうと思ったら、相手を替えないとできませんよ。

弘兼　ああ。3回やろうと思えばね。

北方　番号札を渡しておいて「はい、次は3番の方！」って。というのはネタですけどね（笑）。

弘兼　（笑）北方さんを見てると、そのあたりが若さの秘訣かなという気がしますね。いつまでもスケベというか、女性にモテたい心を忘れない。ちまちまと老人問題なんて話してるのがバカらしくなりますよ。

北方　老人問題なんて深刻な顔で語ったら追い詰められるだけですからね。

弘兼　そうかもしれないですね。北方さんは今でもやっぱりモテるんですか。

北方　そりゃあ、いろいろとマメにやってますからね。でも、マメにやらないとモテないのは若いやつも同じですから、年齢は関係ないですよ。あとは、モテたいと思ったら、自分のことを年だなんて思わないことですね。

弘兼　そうするとモテます？

北方　20歳ぐらいの女の子はすぐに私に惚れますね。で、「この娘は俺に惚れてるんだな」と思って、そういう関係に陥りましてね、しばらくつきあってるうちにある日、この女はバカだってことに気づくわけです。

弘兼　なるほど（笑）。

北方　だって、ホテルの部屋に新聞があるじゃないですか。それを見ながら「ヨシダマツカゲって誰？」って言うんです。「えっ？」とか言ったら、「マツシタ塾ってあるでしょ？」吉田松陰の松下村塾じゃねえか！　あ、こいつはバカなんだ（笑）。

弘兼　やっぱりその瞬間にこいつはダメだと。

北方　ダメですねぇ。

60歳からのハードボイルドな口説き方

弘兼　ある程度はやっぱり、いくらかわいくても完全におバカじゃやっぱり無理ですよね。いつもどうやって口説いてるんですか。

北方 その娘をじっと見つめて、まず「恋は年齢でするんじゃねえんだよ、心でするんだ」って言いますよ。

弘兼 来ましたね（笑）。

北方 で、その次に言うのが、「でも俺に惚れるなよ。惚れたら低温ヤケドするぜ」。

弘兼 ハハハハハ！ 完全にハードボイルドの世界だ。

北方 低温ヤケドって言うのにはちゃんと理由があって、低温ヤケドはヤケドしている間は気持ちいいんですよ。治す時が大変なだけで。要するに、惚れてる間は気持ちいいけど、別れた後は傷を治すのが大変だぜって意味。だから、最初にその警告をしてるんですよね。

弘兼 ああ、なるほど。けっこう深い理由があるんですね（笑）。低温ヤケドかぁ。今度どこかで使わせてもらいます。

北方 どうぞどうぞ（笑）。女を口説こうと思ったら、このぐらいのこと言えないとダメなんですよ。ただ、私も若い頃は自意識が強くてこんなこと言えなかったんです。格好もつけてたし。でも、年とると何を言ったって恥ずかしくないってぐらいに割り切れるじゃないですか。すると、こういうことも平気で言えるようになる。冗談と受け取るならそれで構わないし、笑われるならそれでもいい。本気で言ったと思われるなら、もちろん大歓迎だしね。

弘兼　ああ、確かに年をとると、逃げ道を作りながら冗談が言えるんですよね。僕の友だちの武論尊さんもそういうタイプなんですよ。あえてキザなことを言ってダメだったら「たはは」みたいな感じで終われる。見習いたいのだけど、なかなかそこまで行けません。年をとって良かったと思えることの一つが、余裕があることですよね。

北方　そうですね。もう、だいたいやることはやってきましたから、今さらガツガツしないですよね。特に女に関しては、他人の人生の3生分ぐらいはやってきたかなって気がするんですよ。そうすると、その女が面倒か面倒くさくないか、何となく見極められるようになるんです。で、もし面倒な女だと思ったら、向こうがパンツを脱ぎかけても脱げないように手でパッと押さえる。

弘兼　こいつは脱がしたら大変だぞって？　それは凄い。

北方　その見極めは失敗したことないと思うんですよね。だから女の子にひどい目に遭わされたことはないんですよ。

弘兼　あ、そうですか。人柄かなあ。

北方　一度、女の子にすごく怒られたことがあったんだけど、ケツまくって「さあ殺せ！」って言ったことがあるんですよ。そしたら「可愛いから許してあげる」っていなくなったんです（笑）。

弘兼　それは結構な修羅場ですね。

北方　いやいや、本人は修羅場とも何とも思ってないですから。「殺されてもいいや」っていうぐらい腹をくくれば、何とかなるもんですよ。

弘兼　これは聞いた話なんですが、ある女にもてることで有名な俳優が女性とベッドの中にいる時に、「ねぇ、私と死んで」と言われたことがあったらしいんですよ。で、そう言われた時にその俳優は「いいよ」って事もなげに答えたって言うんです。普通は「ちょっと待って。何で死ぬの？　落ちついて！」とか言いたくなるじゃないですか。それが、何も聞かずに「いいよ」って……。これはなかなか言えない台詞ですよね。

北方　うん、確かにそれはすごいですね。今度やってみよう。

モテるためにスマホも活用

弘兼　僕はごく親しい人と少しＬＩＮＥをやってるだけで、あとはツイッターもフェイスブックもやってないんですけど、北方さんはどうですか。女性と連絡取るのには必需だと思いますけど。

北方　私の人生はそういうものとは無縁ですね。一応スマホは持ってますけど、使うのはメールと電話と天気予報だけ。あ、あと懐中電灯にして、ときどき女の手相を見ますけどね（笑）。それだけです。

弘兼　いや、本当に徹底してますね（笑）。

北方　でも、ＬＩＮＥとか何とかは全然わからないです。銀座のクラブで「タダでやりとりができますよ」と言われて入れられたんだけど、なんかちょっといじってたら、うちの秘書に「何やってるんですか」と聞かれて、「便利らしいぞ」って言ったら、「そんなことありません」って消されちゃった（笑）。だから、女との連絡はいまだに電話かメールですよ。

弘兼　スマホ持ってるだけでもたいしたもんじゃないですか。

北方　いや、スマホもクラブで「持ってるんですね」と言われたくて持ってるだけですよ（笑）。それで、いろいろ考えましてね、スマホにカバーってあるじゃないですか。それを『バットばつ丸くん』のカバーにしたんです。

弘兼　ああ、サンリオのキャラクターでしたっけ？

北方　そう。このキャラクターの商品は買うとちゃんと履歴書が付いてまして、誕生日は4月1日で、性格はいいけれどもいつも自分がいちばんで、でもいちばんで走るとずっこけると。で、オアフ島に太郎というワニを飼ってるとかね。キティちゃんは人気あるけど、これはないんです。

弘兼　それも女性の気を引くため？

北方　そう（笑）。キティちゃんは人気ありますけど、『バットばつ丸くん』は人気がないからなかなか売ってないんです。女性の気を引くアイテムならほかにも持ってますよ。ちょっと前ですけど、ナンパ用の名刺を作ったんですよ。名前とメールアドレスと西原理恵子が描いたイラストが入ってる。いつも持ち歩いてますよ。

弘兼　アハハハハハ！　ちょっと見せてください（と、北方から名刺を受け取る）。

女性の気を引く為にナンパ用の名刺も作りました（笑）

「妖怪葉巻ジジイ」って書いてありますね（笑）。あ、あと、若い時の格好いい写真も入ってるじゃないですか！

北方　35歳の時の写真ですね。

弘兼　こういうのを持ってると女性ウケが違うんですか？

北方　おもしろがって、話のきっかけにはなりますよね。ただ、あちこちで相手構わず配って歩いてたら、ある日ネットオークションで売りに出されてたんですよ。何か変なやつからしょっちゅうメールが入ってくるなと思ってたら（笑）。

弘兼　僕も「会長　島耕作」って名刺を講談社に作ってもらったことがあるんですけど、練馬のスナックではめちゃくちゃ喜ばれましたね（笑）。

北方　あ、いいじゃないですか。その名刺があれば銀座で4、5軒はいけるんじゃないですか。勘定はここに回せってね。

弘兼　でも、書いてあるのは（島耕作が会長を務める）『TECOT』の架空の住所ですよ。

楽しい老後生活の過ごし方

北方　本が売れなくなったら静かに消えていけばいい。食えなくなったら死ねばいい。大げさじゃなく、私は本気でそう思ってますよ。だから、老後なんて不安に思ってもしょうがない。人生なんてなるようにしかならないんだから。

弘兼　（笑）老後を指南する本で「食えなくなったら死ねばいい」っていうのはものすごいアドバイスですけどね。

北方　だって、そうじゃない。

弘兼　だけど、まぁ確かにそうなんですよね。不安なんて考え始めたらキリがないわけで。大病にかかるかもしれない、交通事故で入院するかもしれない、親が認知症になって介護をすることになるかもしれない、なんて「かもしれない可能性」を考えたら貯金なんていくらあったって不安になりますよ。だから、最終的に僕は、老後を明るく生きようと思ったら「気の持ちよう」しかないと思うんです。何でもかんでもプラス思考で「まぁ、いいんじゃない？」みたいな。どんな状況でもつらいと思えばつらいし、貧しいと思えば貧しいんだけど、他人と比較しないで「それでいい」と思えば、どうってことないと思うんです。

北方 他人と比較するから「下流」になるわけでね。

弘兼 「住めば都」って言葉もありますけど、どこで暮らしたって、ましてや日本なんですから、そこがいちばんいいんだと思えば、そんなに悲観して暮らすことにはならないと思いますけどね。あとは、僕は年をとったら「一見謙虚」というのが大事だと思ってるんです。

北方 というと?

弘兼 逆らわず、いつもニコニコ、従わず。「おおらかに、そして、したたかに」という生き方をしていれば楽だと思うんですよね。

北方 なるほど、建設的な意見だね。

結局、男の人生は仕事がすべて!

弘兼 じゃあ最後にどうすれば北方さんのように人生において腹がくくれるのか、教えてもらえませんか。

北方　いや、そんなのないですよ。腹なんてくれればいいだけなんだから。さっきも言ったけど私は小説を書くことで生きてるんですよ。書けなくなったら生きてる意味はないんです。だから小説を書くことだけに全力を傾注して、けっこうそれだけはマジメにやっているはずです。

弘兼　そりゃあそうですよね。僕も仕事だけはマジメにやってます。仕事だけじゃないけど（笑）。

北方　いや、男は仕事だけでいいんだと思いますよ。私はそれだけやっていれば、あとはどうでもいいと思ってますから、60歳を超えたあたりから死ぬのが怖くなってきたんですよ。ただ、それで誰かを死なせることになったらマズいなと思って、65歳でクルマの運転をやめたんです。今まで運転で人を傷つけたことはないんですけどね。

弘兼　北方さんのトレードマークのマセラティを手放したんですか!?

北方　もうね、泣きましたよ。

弘兼　長年つきあった女と別れるみたいな感じですか。

北方　いや、もっと悲しかったですね。25年間、一台のマセラティをずーっとレストアしながら乗っていたんです。もう一台、最新型のマセラティもあったんですけどね。25年間ずっといじくってるとそれに3台分か4台分かかってるっていうのはどうでもいいんだけど、このクルマでどこへ行った、どういうことがあったというのをわーっと思い出しましてね。さすがに持っていかれる時は、しがみついて泣きました。

弘兼　よく決心しましたね。

北方　しょうがないですね。人にケガをさせるようなことがあったらいけないし。

弘兼　これから高齢者の免許の問題も出てくるでしょうね。僕は70歳を過ぎて免許更新をする時は、きちんと実技検査をして、クリアできなければ更新できないなどのルールを作ったほうがいいと思うんですけどね。もちろん、クルマがないと生活できない地域もありますから、そういう問題は残りますけど。

北方　まぁ、でも問題なんて探せばいくらでも見つかりますから。そんな問題ばっかり気にして生きててもしょうがないですよ。私が伝えたい老後の心構えは「40代は週一で休む」「50代は週2で休む」「60代は1日おきに休む」。そのぐらいの気概を持って毎日生きてればいいんです。

弘兼　それは……？

北方　もちろん、セックスの話ですよ。

弘兼　ハハハハハ！　最後までそういう話でしたね（笑）。

本書は、週刊アサヒ芸能連載
「老い活のススメ」を加筆し再構成したものです。

［カバーイラスト］
弘兼憲史

［編集］
武光亜希子

［編集協力］
井出尚志

［写真］
佐々木和隆

［デザイン］
鈴木俊文（musicagographics）

弘兼憲史

ひろかね・けんし　1947年山口県生まれ。早稲田大学法学部卒業後、松下電器産業（現パナソニック）勤務を経たのち、74年に『風薫る』で漫画家デビュー。『人間交差点』で小学館漫画賞、『課長島耕作』で講談社漫画賞、『黄昏流星群』で文化庁メディア芸術祭優秀賞と日本漫画家協会賞大賞を受賞。07年には紫綬褒章を受章。現在、「島耕作シリーズ」や「黄昏流星群」を連載中。

弘兼憲史流「新老人」のススメ

2016年2月29日　初版発行

著　者　弘兼憲史

発行者　平野健一
発行所　株式会社 徳間書店
〒105-8055　東京都港区芝大門2-2-1
電話　［編集］03-5403-4379
［販売］048-451-5960
振替　00140-0-44392

印刷・製本　株式会社廣済堂

ISBN978-4-19-864107-8